곤고한 날들의
은혜

은혜의 렌즈로 사람과 자연과 삶을 다시 보다

곤고한 날들의 은혜

정홍복 지음

은퇴 목회자 정홍복의 감사 노트

좋은땅

여는 글

   칠십 대 후반에 이르고 보니, 더욱 뚜렷해지는 사실이 있다. 내 삶의 길목마다 하나님의 은혜 아닌 게 하나도 없었다는 감격이다.
   4년 전에 펴낸 첫 책 〈는개〉를 쓸 때만 해도 삶의 분명한 기억들이 튀어 올라 어서 자기를 써달라고 재촉했다. 무엇을 먼저 쓸까 고민하던 급한 마음에 비해 글 쓰는 속도가 따라가지 못하니, 펜을 든 손이 등 떠밀리는 형국이었다. 그러나 이제는 충격이라고 할 만한 몇 개의 장면이 아니면, 당최 기억이 가물가물하다. 재생되지 않는 기억이 그저 안타깝다. 문득 치매를 의심해 보게 된다. 물론 더딘 발걸음과 흐려진 기억이 지금의 내 나이와 발을 맞추니, 이상한 일은 아니다. 그럼에도 이러한 일련의 시간을 걷다 보니, 이제 내 삶도 얼마 남지 않았다는 생각이 부쩍 드는 요즘이다.

   어릴 때 나는 무엇을 물어볼 사람도 의지할 사람도 없이 자랐다. 그래서 무슨 일이 생기면 또래 애들이 하는 것을 보고 눈짐작으로 비슷하게 흉내를 내곤 했다. 그러면서도 행여나 엉뚱하게 잘못 따라 한 것이면 어쩌나 하는 막연한 걱정 속에 하루하루를 견뎠다. 아무것도 모르고 살았던 초등학교와 중학교 시절을 시작으로 딱히 목표랄 게 없이 지나갔던 고등학교 시절, 술과 담배를 처음 알고 그것에 의지해 방탕하게 살았던 초급 장교 시절을 지나 인생의 즐거움을 맛보기 시작했던 영관장교 시절도 있었다. 절망뿐이던 군대 말년에는 제대를 코앞에 뒀는데도, 앞길에 대한 계획이나 대책이 없어서 막막하고 캄캄한 삶이었다.

그런 나를 지탱해 준 건 어려서부터 다닌 교회다. 깊은 신앙은 없었지만 이상하게도 예수님의 사랑만큼은 의심이 되지 않았다. 무엇이 잘못돼도 예수님이 어떻게 해 주시겠지 하고 막연하게나마 예수님을 의지하는 마음이 늘 있었다. 제대 후 직장에 취업을 했지만, 하나님의 강권하심으로 신학을 공부하고 목사가 됐다. 늦은 나이에 목사가 된 만큼 온몸을 바쳐 주의 일을 열정적으로 했어야 하는데 그러지 못했다. 마음만 앞섰지 다른 목사들 사역하는 시늉만 한 것 같아 하나님께 죄송한 마음이 가득하다.

2022년, 목사직을 은퇴한 후 300평의 땅에 각종 식물을 심어 먹었는데, 농사를 지으면서 땅과 식물들하고 친구가 됐다. 식물에 대해 배우고 알면 알수록 그 정직한 원리에서 얻어지는 교훈이 풍성했다. 농사는 내가 지었으나 열매로 기른 분은 단연코 하나님이시다. 어디 채소와 고구마뿐이던가. 농사를 통해 지금 이 나이까지도 계속 나를 기르시는 하나님을 느끼니, 하나님을 찬양하지 않을 수 없다.

이 책은 인생 후반기를 살아가는 나의 소소한 일상과 이 시간들을 관통하며 깨달은 하나님의 은혜에 관한 기록이다. 덧붙여 가족, 친구. 일, 여행 그리고 동식물에 관해서도 서술했다. 비록 내 개인적인 경험에 불과하지만, 누구라도 이 책의 어느 한 대목에서나마 작은 유익함을 발견할 수 있기를 바라는 마음으로 용기를 냈다.

내 삶이 또 한 권의 책으로 엮여 나올 수 있게 도움을 주신 봉은희 교수님의 지도와 격려를 잊지 못할 것이다. 매주 글 밥상을 나눠온 문우들과 바쁘신 중에도 자원하여 타이핑을 도와준 나무 님의 사랑 어린 수고에 감사드린다. 노년기의 내 삶에 안정감과 기쁨의 원천이 되어주고 있는 사랑하는 아내와 딸들 그리고 두 사위와 손자들에게 고마운 마음 전한다. 좋으신 하나님께 제 마음을 드립니다.

2025년 8월 저자 정홍복

추천의 글

　이 책은 치열했던 목회 사역의 자리에서 내려와, 이제는 조용히 평범한 일상을 살아가는 한 목회자의 결코 평범하지 않은 이야기이다. 삶의 소소한 경험들, 때로는 외롭고 간절하며 곤고했던 시간들 속에 스며든 하나님의 은혜를 담아냈다.
　많은 이들이 목회자의 삶을 위대한 헌신으로 기억하지만, 이 책 〈곤고한 날들의 은혜〉는 그 이면에 스며 있는 인간적 고뇌와 일상의 은총에 주목한다. 한평생 하나님을 신뢰하며 그분이 맡긴 사역에 헌신하고자 노력했던 목회자에게 주어진 은퇴 이후의 삶. 그 노년의 생애가 결코 빈자리가 아니라, 오히려 '물 샐 틈 없는 은총'으로 가득 채워져 있음을 저자는 고백하고 있다.
　이 책은 삶의 고통과 어려움 속에서도 하나님께서 어떻게 동행하셨는지, 그리고 이 동행 가운데 어떻게 '조각사랑'이 '온전한 사랑'으로 채워져 가는지를 생생하게 보여 준다. 저자는 은퇴라는 인생의 전환점에서 느꼈을 상실감 대신에, 꽉 찬 하나님의 사랑과 은총을 손으로 만지듯 고백하고 있다. 그 사랑은 요란한 기적이 아니라, 삶의 가장 작은 부분에서 발견되는 진실한 깨달음이다.

하여, 저자의 글은 생의 어느 지점에서 혹독한 시간을 보냈거나 지금 힘든 상황에 놓여 있는 이들의 손을 잡아주는, 위로와 희망의 메시지가 되어 줄 것이다. 순탄한 날을 비롯해 고난과 장애물이 앞을 가로막고 있는 듯한 인생의 모든 순간들이 하나님의 사랑 안에서 살아가는 것임을 깨닫게 해 주기 때문이다.

이 책이 독자의 마음에 소망의 빛을 건네는 등불이 되어주기를 희망한다.

임영설(목사, 한국교회신보 이사장)

추천의 글

　십수 년째 자서전 교실과 북코칭 클래스를 인도해 오면서 2백 50권이 넘는 책 발간 작업을 도왔다. 이 시간들이 내게 안겨준 가장 큰 선물은 묵직한 삶의 주인공들과 친구가 된다는 점이다, 이분들만의 고유한 콘텐츠와 삶의 지혜를 거저 받게 되는 점 또한 감사하다. 이 책의 저자이신 정홍복 목사님 또한 글과 삶으로 감동과 교훈을 주신, 인생의 스승 가운데 한 분이다.
　저자는 20-40대에 군대 장교를 지냈다. 제대 후엔 군대문화와는 전혀 다른 사회에 몸을 던졌으며, 뒤늦게 신학을 공부하여 목회자가 되셨다. 또한 군 지휘관 시절부터 지금까지 평생을 학습자로 살아오셨다. 노년기에 시작한 글쓰기도 여러 학습 갈래 중의 하나이다. 삶을 대하는 태도가 진중하고 성실하신 덕분에, 저자는 2021년도 북코칭 클래스 구성원 중에 첫 번째 저자로 등극했다.
　그의 첫 책 〈는개〉에서는 생의 절반을 군 지휘관으로 살아온 장교 시절의 이야기와 아픈 가족사, 한국전쟁 후의 가난하지만 아릿한 추억이 깃든 어린 시절 등 저자의 포괄적인 인생 여정과 신앙을 담았다. 두 번째 책인 이번 〈곤고한 날들의 은혜〉에서는 제목에서 암시하듯, 하나님의 은총에 초점을 두고 있다. 막연하게 느껴졌던 젊은 날의 신앙에서 한 발 더 들어가, 구체적이며 가까이에서 체험한 하나님의 은혜에 대한 고백이다. 조각조각 흩어져 있던 그 분의 사랑이 온전한 사랑으로 꿰어 맞춰지고, 손으로 만지듯 체험한 하나님의 은총에 대한 감사와 찬양의 기록이다. 고단했던 삶에서 통찰한 지혜와 깨달음 또한 곳곳에 뿌려 놓았다.

내가 아는 정홍복 목사님은 하나님의 말씀을 생활 속에서 올곧이 실행하려는 순전함을 지니셨다. 그런데 이렇듯 진지한 저자의 글 속엔 종종 폭소를 자아내는 위트와 재치가 숨어 있다.

저자는 자신이 본 세계와 현상을 수치로 정량화하는 데 탁월한 능력을 지녔다. 방향, 거리, 크기, 높이, 시간 등을 대체로 정확히 가늠하여 섬세하게 기록하시는 것이다. 글쓰기 능력에서 요구되는 관찰 훈련이 아주 잘 되신 분이다. 시간과 공간에 대한 이런 인식능력은 오랜 기간 군 지휘관으로 계시면서 훈련을 통해 길러진 것이라 생각된다.

저자는 이 글쓰기를 통해 자신만의 언어를 가꾸며 조화로운 노년의 삶을 열어갈 것이다. 어른의 역할은 무엇인지, 신앙인이 서야 할 자리는 어디인지 등. 하여, 벌써 기대가 된다. 향후 그의 펜 끝에서 나오게 될 글로 인해 또다시 웃고 울게 될 일들이.

봉은희(스토리 셰프, 책쓰기교실 운영자)

추천의 글

 이 책은 소박한 아버지의 모습을 엿볼 수 있는 따뜻한 기록입니다. 한 자 한 자 정성을 다해 눌러쓴, 하나님의 은혜에 대한 진솔한 고백이 담겨 있습니다. 자신의 삶을 은혜의 시선으로 돌아보고, 그가 사랑하는 꽃과 동물들을 찬찬히 바라보는 글에는 깊은 감사와 다정함이 배어 있습니다.
 이 책을 통해 저는 아버지를 조금 더 깊이 이해하게 되었고, 하나님의 은혜 속에 살아가는 저의 삶 또한 되돌아보게 되었습니다. 이 따뜻한 고백이 많은 이들에게 하나님의 은혜를 비추는 거울이 되어, 각자의 삶 속에 깃든 은혜를 발견하고 누리게 되기를 기도합니다.

정다정(큰 딸, 에픽게임즈코리아 홍보 & 대외정책 본부장)

차례

여는 글　　　　　　　　　　　　　　　　　　　04
추천의 글　　임영설　　　　　　　　　　　　07
　　　　　　봉은희　　　　　　　　　　　　09
　　　　　　정다정　　　　　　　　　　　　11

1장 ──────────── 곤고한 날들의 은혜

하나님은 우리의 기도를 다 듣고 계신다 *16* | 하나님의 섭리1 *20* | 하나님의 섭리2 *23* | 너의 행사를 여호와께 맡기라 *26* | 하나님은 우리의 필요를 다 아신다 *29* | 상심한 자를 고치시며 *31* | 공짜 돈 *34* | 2024년의 은혜 *37* | 파족(破足) *40* | 목소리 *44* | 이사 *47* | 눈을 떠라 *50*

2장 ──────────── 식물 이야기

꽃밭 *54* | 왕고들빼기 *57* | 잡초 *59* | 배추밭에선 인삼도 잡초다 *61* | 천혜의 약용식물들 *63* | 냉이 *65* | 까마중 *67* | 참두릅 *70* | 독활 *72* | 오갈피 *74* | 으름(한국바나나) *76* | 작두콩의 눈물 *79* | 흔적 *82*

3장 ——————————————— 동물 이야기

한우 86 | 선녀 나방 88 | 까치 90 | 새끼 92 | 줄돔 94 | 월척 97 | 끈 100 | 거름 102

4장 ——————————————— 가족 & 친구 이야기

떠난 그대 106 | 나를 고치소서(아내) 109 | 첫째 113 | 둘째 118 | 막내 121 | 누나 124 | 눈물 127 | 칭송1 131 | 칭송2 134 | 제수씨 137 | 나은자 원장 142 | 공한기 145 | 부도문학 147 | 두 친구 150 | 나무 154 | 치매 157 | 선배 160

5장 ——————————————— 여행 이야기

미국행 164 | 아프리카 171 | 유령 179 | 인생 여정 181

6장 ——————————————— 길 위에서

변두리 186 | 궁전 189 | 모자 위의 마스크 192 | 분노 194 | 괜찮아요 196 | 교만 198 | 모범생 201 | 겸손 203 | 속옷 205 | 힘 207 | 양보 210 | 화(禍) 212 | 짐 214 | 계획 217 | 사랑과 욕심 219

1장

곤고한 날들의 은혜

하나님은 우리의 기도를 다 듣고 계신다
하나님의 섭리1
하나님의 섭리2
너의 행사를 여호와께 맡기라
하나님은 우리의 필요를 다 아신다
상심한 자를 고치시며
공짜 돈
2024년의 은혜
파족(破足)
목소리
이사
눈을 떠라

하나님은 우리의 기도를 다 듣고 계신다

하나님의 가장 큰 은혜는 우리의 기도를 다 들으시고 그 기도에 반드시 응답해 주신다는 것이다. 2000년, 지인의 권유로 여주에 있는 토지를 구입했다. 당시 나는 서울에 거주했기에, 토지가 있는 여주까지는 2시간 정도 소요가 되어서 관리가 힘들었다. 그 토지는 공동묘지 끝자락에 위치해 있었고, 그 토지 안에 3개의 분묘가 있었다. 묘지 후손은 묘 1기당 천만 원을 요구했다. 그 당시 묘를 이장하는 데 기당 80만 원 정도 했는데, 터무니없는 금액을 요구한 것이었다. 이분과 말이 통하지 않아 그 토지를 내놓기로 했다. 1km 거리의 부동산에 내놓았지만, 감감무소식이었다. 그럭저럭 15년여의 세월이 흘렀다.

어느 날 평창에 갔다가 돌아오는 길에 그 토지에 들렀다. 오랜 기간 방치해 두었으나 변한 것이 없었다. 이대로 두면 안 될 것 같았고, 이 일은 사람의 노력만으론 성사될 수 없다는 생각이 불현듯 들었다. 나의 도움은 오로지 하나님께로부터 온다는 확신을 가지고 작정 기도를 시작했다. 나만 기도한 것이 아니라, 평소 기도를 많이 하시는 분들께 부탁해서 합심기도를 드렸다.

작정 기도를 시작한 지 1년이 조금 지나서였다. 지푸라기라도 잡는 심정으로 돈 좀 있는 친구 일곱 명을 데리고 그 토지로 향했다. 그곳에 다다르니, 모르는 사람 30여 명이 우리 토지 안에 있는 무덤 3기를 이장하고 있었다. 정말 사람의 힘으로는 불가능한 일이 벌어지고 있었다. 묘 1기당 천만 원을 요구했는데, 일 원 한 푼 안 낸 상태에서 무덤 3기를 이장하고 있었기 때문이었다. 일단 토지 안에 무덤이 없어졌기 때문에, 포클레인으로 정지 작업을 하고 여러 가지 나무를 심었다. 주목, 개복숭아, 백일홍, 장미, 철쭉, 보리수, 석류, 후박나무를 심었다. 돌이 섞인 경사진 곳에는 강원도에 사는 친구에게 부탁해서 땅두릅 70여 그루를 심었다. 정지 작업과 조경 작업이 거의 완료됐는데도, 토지는 팔릴 조짐이 없었다. 설상가상으로 토지 앞이 탁 트인 정면에 대형 축사가 들어서서 유일하게 보기 좋은 전망을 가로막아 버렸다.

토지를 그냥 놀릴 수 없어서 고구마를 심었다. 10kg 상자로 100상자를 수확했다. 40상자는 지인들에게 나누어 주고, 60상자는 팔았다. 계절은 가을로 접어들고 있었다. 어느 날 갑자기 불도저가 우리 토지 옆 도로를 넓히고 대형트럭이 분주하게 오갔다. 알아보니 우리 토지에서 불과 100여 미터 떨어진 곳에 태양광 발전소가 들어선다는 것이다. 우리 토지 옆으로 3m 사이를 두고 고압선이 지나가게 되었다. 부동산에서 말하는 최악의 땅은 공동묘지, 축사, 고압선이 지나가는 곳이란다. 졸지에 우리 토지는 이 세

가지 악재를 갖춘 최악의 토지로 전락해 버렸다. 2년이 넘는 작정 기도를 했는데, 허탈한 마음이 왔다. 이럴 때 기도의 강도를 높여야 되겠다고 굳게 다짐했다. 다른 방도가 없기 때문이다.

  나는 작정 기도 대신에 낮 12시까지 금식하는 기도에 돌입했다. 금식기도를 시작한 지도 어언 1년 이상이 됐다. 기도는 계속하는데 응답은 없었다. 어느 날 지나가는 길에 헛일 삼아 부동산에 들렀더니, 부동산 사장이 내일 도라지 캐러 가자고 해서 흔쾌히 응했다. 다음 날 도라지밭에 가 보니, 지난해 말에 캔 곳이라 그런지 흙도 단단하고 도라지 이삭도 거의 없었다. 도라지를 포기하고 집으로 돌아오는 중이었다. 갑자기 우리 토지에 가 보고 싶은 생각이 들었다. 집으로 가다 말고 유턴하여 우리 토지로 향했다. 겨울에 눈이 많이 와선지, 경사진 면의 흙이 많이 패였다, 그 자리에 나는 검은 망을 치고 돌을 올려놓고 흙으로 덮었다. 한창 작업하고 있는데, 할아버지 한 분과 아들로 보이는 남자가 2주 전에도 우리 토지를 답사하고 갔다고 했다. 자기는 돈이 많다고 하면서 현금으로 지금 즉시 줄 테니, 250만 원만 깎아달라고 했다. 나는 그럴 수 없다고 했다. 왜냐하면 그 가격에 부동산에 내 놨기 때문이다. 물론 할아버지의 요구대로 라면, 부동산 중개료가 절약되어 내게도 500만 원이 더 들어온다. 그러나 부동산에 약속했기 때문에, 약속을 어길 수는 없었다. 정중히 거절하니 할아버지가 더 적극적으로 나왔다. 결국 그 할아버지에게 내 토지를 팔았다.

 부동산에서 말하는 최악의 토지 즉 공동묘지, 축사, 고압선으로 둘러싸인 우리 토지를 하나님께서는 그냥 팔아 주신 게 아니다. 주변 시가보다 40% 더 받고 팔게 해 주셨다. 섬세하신 하나님의 은혜에 눈시울이 붉어졌다. 우리가 기도할 때 하나님은 다 듣고 계신다. 그리고 그 기도에 응답해 주신다. 그러나 이루어지는 시기는 하나님께서 결정하신다. 하여 목표를 놓고 기도 할 때, 우리는 먼저 하나님을 신뢰해야 한다. 꾸준히 쉼이 없이 기도하는 것이 가장 중요하다.

> "너는 기도할 때에 네 골방에 들어가 문을 닫고
> 은밀한 중에 계신 네 아버지께 기도하라
> 은밀한 중에 보시는 네 아버지께서 갚으시리라"
> (마태복음 6:6)

하나님의 섭리1

스코틀랜드의 에어록필드 지방에 플레밍이라는 가난한 농부가 살고 있었다. 어느 날 그가 밭에서 일하고 있는데, 갑자기 늪 가까이에서 사람의 비명 소리가 들려왔다. 달려가 보니 웬 소년 하나가 늪에 빠져 허우적대고 있었다. 그는 죽기 직전의 아이를 가까스로 살려 냈다.

다음 날 으리으리한 마차를 딴 귀족이 찾아왔다. 그는 농부가 구해 준 소년의 아버지로 아들의 목숨을 구해 준 사례를 하겠다는 것이다. 농부는 한사코 사양했다. 때마침 헛간에서 그 광경을 바라보고 있던 농부의 아들을 발견하고, 한 가지 제안을 해왔다. 농부의 아들을 그가 구해 준 자기 아들과 똑같은 수준으로 교육시켜 주겠다는 것이었다.

가난한 농부 플레밍의 아들은 당대 최고였던 런던대학교의 세인트메리병원 의과대학에서 교육을 받게 된다. 그리고 페니실린을 발견해 귀족 작위까지 얻게 됐다. 그가 바로 알렉산더 플레밍 박사다. 농부가 구해 준 물에 빠진 아이는 다름 아닌 제2차 세계대전 때 영국을 구해낸 재상 윈스턴 처칠 경이었다.

플레밍은 1880년대에 자소자임이라는 동물의 침 속에 포함돼 있는 살균성효소를 발견하게 된다. 우연히 그가 세균을 칠한 실험용 접시에 재채기를 했던 것이 효소 발견의 계기가 되었다. 1828년 그가 페니실린을 발견하게 된 것 역시 조수의 실수로 열어 놓은 창으로 곰팡이 균이 날아 들어와 박사의 세균 접시에 떨어졌기 때문이었다. 그로 인해 푸른곰팡이 균 속에 향균 물질이 들어 있어서 포도당 구균들을 깎아 먹은 것을 발견한 것이다. 플레밍이 어렸을 때 푸른곰팡이가 생긴 빵으로 얼룩진 옷을 문질러 주시던 할머니의 기억이 없었더라면, 그는 이 접시를 그냥 내버렸을지도 모른다.

그는 푸른곰팡이의 속명을 따서 '페니실린'이라는 이름을 붙였다. 그리고 이 항생물질의 발견을 의학 연구자에 보고했지만, 당시엔 누구의 주목을 끌지 못했다. 그러다가 묶은 서류를 들추던 두 사람의 과학자들에게 플레밍의 보고문이 눈에 띈 것이다. 바로 플로리와 체인으로, 페니실린을 정제하여 효과적인 약제로 만드는 방법에 성공을 거둔 장본인들이다.

그즈음 제2차 세계 대전이 발발했다. 부상병 치료에 고심하던 군 당국에 페니실린 정보가 흘러 들어갔다. 덕분에 페니실린의 대량생산에 들어갔고, 많은 부상병들의 목숨을 구할 수 있었다. 항생제의 대량 생산 과정에서도 평범한 주부의 쇼핑 광주리 안에서 썩어가던 토마토에서 배양된 균을 통해, 새로운 배양 기술과 방법이 생겨났다.

만약 그날 소년 처칠이 늪에 빠지지 않았더라면, 농부 플레밍이 그를 살려 내지 못했더라면, 플레밍 박사가 페니실린을 발견하지 않았더라면, 제2차 세계대전 중의 수많은 영국 병사들은 어떻게 되었을까. 그리고 처칠 수상이 없는 영국은 그 큰 전쟁을 어떻게 대처했을까.

페니실린은 인류가 발견한 항생제 중에서 가장 큰 위력을 발휘했다. 이것은 제2차 세계대전의 부상자를 죽음에서 구하려는, 더 나아가서는 인류를 살리려는 하나님의 크고 위대한 프로젝트가 아니었을까. 사람들은 이 모든 과정을 우연이라고 생각할 수 있겠으나, 하나님의 섭리와 은혜가 아니고서는 설명할 수가 없다.

"나의 하나님이 그리스도 예수 안에서 영광 가운데
그 풍성한 대로 너희 모든 쓸 것을 채우시리라"
(빌립보서 4:19)

하나님의 섭리2

나비는 지구촌 전 지역에 서식한다. 열대우림 지역에 대부분의 종이 살고 있다. 전 세계에 서식하는 나비는 1만 5천-2만여 종이다. 나비의 일생은 알, 유충, 번데기, 성충 네 단계를 거친다. 나비는 애벌레 시절에 땅속에서 지내다가 성충이 되면 날아다닌다. 그렇기 때문에 산속, 들판, 물가, 초원 지대, 숲 주변 등 서식지가 다양하다.

우리나라의 가장 더운 시기는 7월 말에서 8월 초순 사이로 알려져 있다. 2022년 8월 초순이었다. 날이 가물어서 매일 오전 8시부터 10시까지 두 시간 동안 인근 수로에서 물을 길어 와 조루를 사용하여 고구마밭에 뿌렸다. 고구마 잎과 줄기가 진녹색을 띠며 알맞게 자랐다.

그런데 갑자기 비가 내리기 시작했다. 2주째 내리는 비를 맞고 고구마 줄기는 때를 만난 듯 쭉쭉 뻗어 나갔다. 비가 그치자 이번에는 구름 한 점 없는 무덥고 뜨거운 날씨가 계속되었다. 고구마밭은 제멋대로 자란 고구마 덩굴로 흙은 하나도 보이지 않고, 고구마 줄기들은 서로 얼싸안고 있었다.

고구마 덩굴을 정리해 주지 않으면, 고구마가 제대로 달리지 않는다고 한다. 그래서 아침부터 열심히 고구마 덩굴을 정리하고 있었다. 오후 1시부터 4시까지는 초등학교 '아동 안전 지킴이'로 일해야 하기에, 오전에 고구마 넝쿨을 정리하지 않으면 안 된다. 습기가 많고 강하게 내리쬐는 햇볕으로 숨이 턱턱 막혔다. 머리부터 땀이 줄줄 흘러서 온몸을 적셨다. 바람 한 점 없는데 인근 축사에서 날아오는 소똥 냄새가 내 코를 자극했다. 이마에서 목덜미까지 흘러내린 땀을 닦고 있었다.

이때 노랑나비 두 마리가 고구마 덩굴을 정리하고 있는 내 근처로 날아왔다. 그 더운 날씨에 나비들은 내 앞 2-3m쯤 떨어진 고구마 잎 위에서 천천히 날갯짓하며 데이트를 하고 있었다. 그 넓은 밭을 놔두고 하필 내 눈앞에서 놀고 있는 모습이 그저 신기했다. 저 나비들은 어디에서 서로 만났을까? 저 나비들은 자기들의 임무를 망각한 채 두 번째 임무인 종족 번식을 우선순위에 둔 것일까? 우리 하나님께서는 하찮은 곤충들에게도 은총을 내리셔서 꽃들을 오가며 폭염 속에서도 열매를 맺게 하셨다. 그리고 대가 끊어지면 나비의 임무가 끝날까 봐, 꽃도 없는 고구마밭에서 짝짓기를 할 수 있게 자리를 마련해 주신 것이다. 나비 같은 미물도 주어진 임무를 다하도록 감독하시는 하나님의 섬세하신 은총에 감격하지 않을 수 없었다.

"하나님이 물에서 번성하여 움직이는 모든 생물을

그 종류대로 창조하시니

하나님이 보시기에 좋았더라"

(창세기 1:21)

너의 행사를 여호와께 맡기라

여주시는 경기도의 동쪽 끝에 자리 잡고 있다. 어렸을 때부터 여주라는 곳엔 한 번도 와 본 적이 없었다. 하지만 살기 좋은 곳이라고 막연하게나마 생각하고 있었다. 세종대왕릉이 여주에 있고, 서울과도 멀지 않는 도시였기 때문이다.

2000년도 추모관에 근무할 때였다. 같이 근무했던 박○○ 부장의 소개로 여주군 능서면에 싼 땅이 있다고 해서 한 번 가 보았다. 공동묘지 끝자락에 있어서 썩 마음에 들지는 않았다. 그러나 추모관에 근무하고 있었기 때문에, 나중에 땅을 매각하는 데는 문제가 없을 것 같았다. 그리고 가격이 저렴해서 누나에게 돈을 빌려 1,000여 평의 땅을 샀.

그 당시엔 토지를 분할해서 거래할 때였다. 게다가 IMF까지 겹친 시기여서 국내 경제 사정도 상당히 어려웠다. 하지만 그 덕분에 많은 도움을 받았다. 그런데 박 부장이 주관해서 팔다 보니, 불편한 일이 많이 발생했다. 판 가격의 1/3을 그에게 수수료로 건네야 했다. 그는 자기 일이 없을 때에만 그 토지 매각에 관심을 가졌다. 내가 이 업무를 잘 모르니까, 나를 이용한다는 생각도 살짝

들었다.

또한 토지 중간중간에 묘가 있어 팔기도 힘들었다. 묘지 주인과 협상을 자주 하게 되었는데, 그때마다 충돌이 잦았다. 한번은 봉담에 사는 박씨 조상 묘가 있었는데, 그분은 묘지 땅을 자기에게 양도하는데 돈을 지불할 생각을 안 했다. 사실 돈도 없었다. 결국 그 사람에게 무상으로 양도해 주었다.

토지가 약 400여 평 남았을 때, 나와 박 부장 사이에 갈등이 생겨 대판 싸웠다. 박 부장은 축대 쌓는 데 350만 원이 들어갔다고 돈을 달라는 것이었다. 그래서 요구하는 돈을 박 부장에게 주고 그와 결별했다.

나는 박 부장과 동업하면서 많은 것을 배웠다. '동업자는 뜻이 안 맞는다'는 서양 속담이 딱 들어맞았다. 내가 경험이 없고 옹졸해서 기분 나쁘게 헤어진 것이었다. 내가 조금 더 양보하고 기분 좋게 웃으면서 헤어졌어야 하는데, 그러질 못했다. 얼굴을 붉히고 고성이 오고 간 후에 헤어진 것은 내가 많이 부족해서였다.

마지막까지 팔리지 않은 토지 약 300여 평이 있었다. 그 땅은 공동묘지 끝자락에 위치해 있으며 수로가 빙 둘러싸고 있었다. 우리 땅에서 보면 수로 밑으로 넓은 논들이 펼쳐져 있었다. 뒤쪽으로 공동묘지만 없다면, 남향이어서 최적의 토지였다. 파는 걸 포기하고 잊어버릴 만하면 이 땅에 대해서 물어보는 사람이 나타났다. 그러나 그들은 헐값으로 거저먹으려고 했다.

2015년경 우리 토지에서 100여 미터 떨어진 곳에 대형 축사가 들어섰다. 우리 토지 앞을 완전히 가리는 위치였다. 그리고 2022년에는 우리 토지에서 100여 미터 떨어진 곳에 태양광 발전소가 들어서고, 고압선이 우리 토지 3m 옆을 지나가게 되었다.

　우리 토지는 공동묘지, 대형 축사, 고압선 속에 갇히고야 말았다. 부동산에서 말하는 최악의 토지로 바뀌고 만 것이었다. 그러나 우리 하나님은 최악의 토지를 최상의 가격으로 팔아주셨다. 오로지 내가 할 수 있는 일은 기도밖에 없었다.

> "너의 행사를 여호와께 맡기라
> 그리하면 네가 경영하는 것이 이루어지리라"
>
> (잠언 16:3)

하나님은 우리의 필요를 다 아신다

　우여곡절 끝에 여주에서 남양주로 이사했다. 전 주거지인 여주 강남아파트가 매각도 안 되고 전세도 안 나가는 상황에서 집주인 말만 믿고 이사 갈 지역에 있는 현대아파트 집주인과 계약을 체결했다. 만약 계약이 어긋나면, 계약금은 날아가고 이사에도 차질이 생겨 이도 저도 안 되는 수렁에 빠지게 된다. 이때 극적인 하나님의 도우심으로 집주인의 대출이 성사되어 간신히 이사할 수 있었다.

　이사는 했지만 집안 여기저기 수리할 곳이 많았다. 첫째로 아파트 베란다의 새시가 너무 오래되어 수리하지 않으면 겨울나기가 힘들 것 같았다. 둘째로 발코니로 통하는 대형 여닫이문이 낡아서 문을 열고 닫는 일이 너무 힘들었다. 셋째, 작은 방의 이중창이 부실시공으로 찬바람이 쉽게 방으로 침투했다. 넷째, 화장실 문짝은 잘 닫히지 않아서 화장실 사용이 힘들었다. 견적을 받아보니, 650만 원 정도였다. 우선 가장 돈이 적게 드는 화장실 문을 인근 현대부동산 대표의 도움으로 싼 가격에 문짝을 교체했다. 겨울 날씨가 너무 추워서 막내딸을 큰 방으로 옮겨 엄마와 같이 사용하고, 남은 방 하나는 겨우내 사용을 중지했다.

이때부터 하나님께선 우리 가족을 도울 방도를 찾고 계셨다. 갑작스럽게 나는 전립선암 선고를 받게 됐다. 그리고 중요한 치료가 2024년 3월 말에 끝났다. 4월에 보험 청구로 이천만 원 가까운 보험금을 수령했다. 5월에 집 외곽 새시를 시작으로 작은 방의 이중창, 여닫이문 등 650만 원을 들여 말끔히 수리를 마쳤다.

돈이 남아서 처음으로 아내에게 600만 원을 주었다. 그래도 돈이 남아서 미국에서 목회 은퇴를 하고 한국에 잠시 나와 있는 동생에게 몇백만 원을 주었다. 동생은 내가 미국에 갈 때마다 많은 경비를 들여 워싱턴에서 먼 거리인 플로리다 주까지 여행도 시켜주었고, 유명 맛집 등 많은 접대를 나에게 베풀었다. 큰돈은 아니지만 동생에게 건네고 나니, 나도 기쁘고 동생도 좋아했다. 그리고 이사할 때 집값이 부족하여 막내딸에게서 빌렸던 천만 원도 갚았다. 우리 하나님께서는 우리 쓸 것을 다 아시며 먼저 준비하고 계셨다. 그리고 우리가 하나님께 기도하기를 바라셨다.

"그러므로 그들을 본받지 말라
구하기 전에 너희에게 있어야 할 것을
하나님 너희 아버지께서 아시느니라"
(마태복음 6:8)

상심한 자를 고치시며

전립선 조직 검사 결과, 전립선암이 확정되었다. 암 판정을 받은 직후 내가 암 환자가 되었다고 생각하니, 처음엔 어디에 마음을 둘지 몰라 심란했다. 일말의 불안감이 마음속 깊은 곳에서 스멀스멀 올라오고 있었다.

지나간 진료 기록이 수치가 눈에 어른거린다. 5월 11일 PSA 수치가 4.3, 9월 7일엔 PSA 수치가 5.2였다. PSA 수치가 5를 넘어서자, 조직 검사를 결정해서 10월 30일 검사를 실시했다. 11월 16일 전립선암으로 진단이 내려지니, 그날부터 암 환자로 등록되었다. 11월 29일에는 MRI 검사와 뼈 검사를 실시했다. 담당 의사는 가족에게 알리라 했다. 직계 가족인 아내와 세 딸에게 알렸다.

큰딸 다정이가 전립선암 치료를 제일 잘하는 곳은 서울 A병원이라고 했다. 그리고 큰애는 12월 26일 A병원 비뇨학과에 예약을 했다. 나의 주치의인 홍 교수는 수술과 방사선 치료 중에서 택하라고 했다. 나는 관련 지식이 없기 때문에, 나같이 나이가 있는 사람은 통상 어느 쪽을 택하느냐고 도리어 그에게 물었다. 나이 많은 사람은 대체로 방사선 치료를 선호한다고 안내해 주었다.

2024년 1월 12일, 종합검사가 시작되었다. 1월 19일 비뇨학과에서 종합검사를 토대로 진료 방향을 잡았다. 약 30회의 방사선 치료가 예상되었다. 1월 31일에는 방사선 검사도 받았다. 그리고 2월 11일에서 16일까지 금침 시술 전에 아스피린 복용을 금지시켰다. 2월 16일에서 17일까지는 아침저녁으로 2정씩 항생제를 투여했다. 2월 16일 금식 후 혈액 검사를 한 후 항생제 주사를 맞았다. 그리고 초음파를 한 후에 금침을 맞았다. 금침은 암 조직 부위 3곳에 놓았고, 방사선 치료에 아주 유용했다.

3월 11일에는 입체 모의 치료를 했다. 3월 16일에는 비뇨학과에서 혈액 검사와 소변 검사를 실시했다. 방사선 종양학과에서는 방사선 치료를 30회가 아니라 4회 실시 한다고 했다. 3월 18일부터 사이버나이프 진료를 시작해서 3월 20일, 22일, 26일까지 한 달 동안 4회 사이버나이프 치료를 실시했다.

3월 26일, 방사선 종양학과 김 교수가 호출해서 과장실로 갔다. 방사선 치료 결과가 좋다고 했다. 기분이 많이 좋아졌다. 6월 14일 비뇨학과에서 혈액 검사와 소변 검사를 했다. 홍 교수도 결과가 좋다고 했다. 6월 27일 보훈병원 비뇨학과에 가서 혈액 검사를 했다. 담당인 김 과장은 결과가 양호하다고 했다. 8월 13일 A병원 비뇨학과에서 다시 혈액 검사를 받았다. 결과 역시 양호했다.

9월 24일 약 6개월 만에 방사선 종양학과에서 혈액 검사와 소변 검사를 실시했다. 결과는 양호했고, 다음 검사는 1년 후로 예정되었다. 2025년 2월 6일 비뇨학과에서 실시한 혈액 검사와 정맥주사 후 촬영 결과도 양호했다. 차기 방사선 종양학과 진료는 2025년 8월 26일로 예정되었다.

 우리 하나님은 치료 전 과정에 개입하셔서 방사선 치료를 30회에서 4회로 대폭 줄여서 치료해 주셨다. 그리고 치료 경과도 아주 좋게 해 주셨다. 한없이 넓고 깊은 하나님의 은혜에 감사와 찬양을 올려 드린다.

"상심한 자를 고치시며 그들의 상처를 싸매시는도다"

(시편 147:3)

공짜 돈

KBS TV '6시 내 고향'을 보고 있었다. 이혜정 요리 전문가가 나와서 순천의 여러 맛집을 소개하는 장면이 나왔다. 불현듯 순천에서 닭을 키우고 있는 친구가 떠올랐다. 친구는 중학교 때, 옆자리에서 같이 공부했던 단짝이었다. 별생각 없이 안부 전화를 했다. 그랬더니 다짜고짜로 나의 집 주소를 달라고 했다. 무슨 이유냐고 물었지만, 따지지 말고 휴대폰에 주소를 입력하라는 것이었다.

이틀 후에 서울에 볼일 보러 갔다가 집에 오니, 현관문 앞에 아이스박스가 놓여 있었다. 모르는 사람 이름과 휴대폰 전화번호가 적혀 있었다. 적힌 번호로 전화해 보았더니, 그곳은 당진 꽃게집인데 전남에 사시는 분이 보냈다는 것이었다. 친구가 보낸 것으로 생각하고 박스를 풀어 보니, 간장게장 두 상자가 들어 있었다. 그래서 순천에 있는 친구에게 전화했더니, 자기가 보낸 것이란다.

"야, 너나 먹지 비싼 걸 왜 보냈어?"

"별 얘길 다하네."

친구는 웃으면서 맛있게 먹으란다.

나를 생각하는 친구의 마음에 뭉클한 고마움이 일었다. 교단

시찰 모임이 경기도 광주에 있는 한우리교회에서 있었다. 모임이 끝나고 오후 4시경에 귀가했다. 그때 휴대전화 벨이 울렸다. 요즈음엔 스마트폰으로 메시지를 주고받기 때문에, 070으로 뜨는 전화번호는 거의 받지 않는 편이다. 그런데 전화벨이 계속 울려서 받았더니, 순천 친구의 전화였다. 친구는 그동안 대전에서 대규모의 건축자재 사업을 쭉 해왔다. 그런데 사업이 도산했고, 아는 사람들과 친구를 보기도 창피하여 인적이 드문 곳으로 자취를 감췄다고 했다. 지금은 가족 생계비를 조달하기 위해 양계업체 종업원으로 일하고 있단다. 친구는 태권도 4단으로 전국체전에서 메달도 땄고, 친구도 많으며, 인간관계가 넓었다. 그래서 더 힘들지 않았을까 친구의 마음이 헤아려졌다.

친구가 도산하기 직전 나는 군 생활을 마치고 전역할 즈음이었다. 연금을 선택했기 때문에 퇴직금은 얼마 되지 않았다. 나는 천만 원을 주고 싶었지만, 형편상 750만 원만 친구에게 주었다. 그리고 친구에게 준 것이기 때문에, 나는 다 잊어버렸다.

친구는 그간의 자기 사정을 말하기 시작했다. 진천에서 10년, 상주에서 10년, 익산에서 5년간 닭 사육 일꾼으로 일했다고. 한데 적자가 너무 많이 생겨서 고생이 이만저만이 아니었단다.

나는 전화를 받으면서 별의별 생각이 떠올랐다. 돈을 꾸어달라는 말을 우회적으로 하는 것인지 내심 걱정되었다. 그러나 친구는 닭 키우는 노하우를 익혀 수억 원의 빚을 거의 다 갚았다는 것이다. 이때도 나는 걱정이 되었다. '일이 잘 되고 있으니, 돈을 꾸어 주면 갚을 수 있다'는 말이 나오지 않을까 싶었다. 내가 가진 돈이 없기 때문이었다.

그러나 친구는 나에게 전신환으로 500만 원을 보냈으니, 우체국에서 연락이 오면 찾아 쓰라는 것이었다. 나는 작은 목소리로 '야 인마! 너도 힘들 텐데 무슨 소리야?' 했다. 친구는 30년 전에 빌린 돈의 일부를 갚은 것이라고 말했다. 실제로는 내가 준 돈의 2/3를 갚으면서 말이다. 그리고 친구는 한마디 덧붙였다.

"사업이 잘 되면, 나머지도 갚을게."

우리 전지전능하신 하나님은 잊지 않으시고 친구에게 그냥 준 돈을 갚도록 친구와 나에게 크신 은혜를 베푸신 것이다.

"줄 때에는 아끼는 마음을 품지 말 것이니라
이로 말미암아 네 하나님 여호와께서 네가 하는 모든 일과
네 손에 닿는 모든 일에 네게 복을 주시리라"

(신명기 15:10)

2024년의 은혜

우울한 마음으로 새해를 맞이했다. 2023년 10월에 이사를 했는데, 이곳 아파트의 외부 새시 양쪽과 베란다와 연결되는 출입문 등의 교체가 시급했다.

한 달 뒤인 11월, 전립선암 진단을 받았다. 즉시 암 환자로 등록되었다. 1월과 2월 각종 검사 거쳐 3월에 본격적인 진료가 시작되었다. 비뇨학과에선 방사선 치료를 30회로 권장하고 있었다. 그러나 나의 경우는 방사선 종양학과에서 4회 치료로 종결했다. 전립선암 수치가 일상으로 돌아왔다. 보험금의 혜택도 받아 치료도 하고, 집수리도 했다. 그동안 돈 쓸 곳이 많았는데, 보험금으로 해결했다. 온전히 하나님의 크신 은혜다.

아내는 여러 가지 질병으로 고통스러운 나날을 보내고 있었다. 폐암 수술 후유증으로 심한 가슴 통증, 등뼈 통증, 척추 측만, 심장병, 안질, 갑상선, 위장병 등 많은 질병과 함께 지내왔다. 특히 수면제를 먹지 않으면 잠을 이룰 수 없어서, 어떤 때에는 2-3알을 복용할 때가 종종 있었다. 그런 아내에게 기적이 일어났다. 의사의 강력한 경고로 갑상선 약만 끊지 않고, 모든 약을 끊었다. 그리고 질병의 90%는 나았다. 오로지 하나님의 은혜였다.

8월 초순경이었다. 막내딸이 지하철 계단을 내려오다가 발목인대가 파열되었다. 입원 기간은 약 3개월이었다. 그 기간 동안 딸아이는 집이나 학교에서 접하지 못한 많은 것을 배울 수가 있었다. 입원실이라는 특별학교에 입학한 것이었다. 상대방에 대한 배려, 부모 공경, 솔선수범, 봉사에 대해서 많은 것을 배웠다 한다. 어려움을 통해서 깨우친 게 많았다는 것이다.

둘째 사위가 갑자기 회사를 그만두겠다는 것이다. 이유인즉 상급자의 심한 간섭으로 스트레스가 이만저만이 아니란다. 사장의 간곡한 만류에도 불구하고 사표를 제출했다. 자진 사퇴로 실업급여도 없었다. 3개월 실업자로 있다가 재취업했다. 전 직장보다 월급도 더 많고, 근무 환경도 탁월하게 좋아졌다고 했다.

둘째 딸에게서 태어난 손녀가 미디어 고등학교에 가고 싶어 했다. 그런데 점수가 약간 부족하다는 것이었다. 그때부터 우리 가족은 이 일을 두고 하나님께 매달렸다. 합격의 감격을 온 가족이 맛보았다.

올해 49살인 큰 사위는 굴지의 학원 수학 강사였다. 그런데 그 학원 강사 평균 연령은 30대 후반이라고 했다. 40세가 넘어서자 학원의 눈치를 보게 되었다. 그러던 중에 현재의 보수와 대우를 받을 수 있는 좋은 학원으로 전업했다. 하나님의 크신 은혜다.

막내딸은 대학을 졸업한 후 전공인 문헌정보 분야가 아닌 다른 분야로만 취업을 하려고 했다. 특히 기업 마케팅 분야를 선호했다. 그러나 쉽지 않았다. 알리, 태무 등 중국 업체들이 대거 한국에 진출했기 때문이었다. 또한 인대가 나가는 바람에 곧바로 취업에 뛰어들 수 없었다. 경기는 나빠졌고 구직시장은 더욱 좁아졌다. 그런 중에도 막내는 12월 말에 퇴원, 근무 환경이 좋은 직장에 정규직원으로 채용되었다. 크나큰 하나님의 은혜였다. 2024년은 나와 우리 가족이 크신 하나님의 은혜를 족히 누린 복된 한 해로 장식됐다. 2025년에도 하나님께 더 큰 영광과 감사를 드릴 수 있는 한 해가 되기를 기원한다.

"여호와는 네게 복을 주시고 너를 지키시기를 원하며
여호와는 그의 얼굴을 네게 비추사 은혜 베푸시기를 원하며
여호와는 그 얼굴을 네게로 향하여 드사 평강 주시기를 원하노라"
(민수기 6:24−26)

파족(破足)

어느 날 갑자기 전방에서 같은 부대에 근무했던 친구가 찾아왔다. 마침 퇴근 무렵이어서 우리는 맛집을 찾아 나섰다. 지나간 일들을 추억하느라, 시간 가는 줄 몰랐다. 밤 9시경에 일어나서 집으로 가는 택시를 잡기 위해 밖으로 나왔다. 그리고 횡단보도를 건너기 위해 좌우를 살폈다. 신호등도 가로등도 없는 횡단보도이기 때문에, 다시 한 번 살핀 뒤 건너기 시작했다. 그때 갑자기 전속력으로 달려오던 차 한 대가 나를 덮쳤다. 나는 공중으로 붕 떠서 차량 윈도우 한중간에 부딪혔다. 순간 나는 기절했다.

감각이 무뎌진 중에도 몸에 한기가 느껴졌다. 몸을 움직이려는데 차가운 수술대 위에서 몸이 차갑게 굳어, 움직이기는커녕 눈조차 뜰 수가 없었다. 차 유리창이 깨지면서 많은 유리 파편이 얼굴을 강타했기 때문이다. 다행인 것은 눈동자는 건드리지 않고, 오른쪽 눈 바로 2cm 밑에 유리 파편이 박혀있었다. 다음 날 얼굴에서 유리 조각을 마저 빼냈다. 그리고 수도통합병원으로 옮겨 좌측 다리 경골 골절 수술을 받았다. 부러진 다리를 바로잡고 철심을 박았다. 내 몸에 이물질이 삽입되다니. 난생처음 하는 경험이었다. 다음 해에 삽입된 철심을 제거했다. 그리고 삼십 년의 세월이 흘러갔다.

교회 안의 선반에 철재 사다리가 놓여 있었다. 그다지 사용할 일이 없는데, 자리만 차지하고 있었다. 갑자기 박수환 목사가 떠올랐다. 그에겐 쓸모가 있을 거라고 생각했다. 전화를 마치고 철제 사다리를 선반에서 내리기 위해 플라스틱 의자를 밟고 내리기 시작했다. 바로 그때 의자의 다리가 부러지면서 30년 전에 부러진 적이 있는 경골을 세차게 후려쳤다. 나의 왼쪽 다리는 부러지면서 기역 자 형태가 되었다. 얼마나 아프던지, 평생 그런 통증은 처음 경험했다.

119 앰뷸런스에 실려 가까운 정형외과에 갔다. 그런데 밤 10시가 넘으니 의사가 없었다. 다음 날 보훈병원 응급실로 옮겼다. 그런데 보훈병원 응급실에도 경골 전문 집도의가 마침 세미나에 참석 중이어서 자리에 없었다. 꼬박 하루를 넘겨 그다음 날 수술을 받았다. 정형외과 전문의와 전공의 네 명 그리고 간호사 두 명이 내 수술을 담당했다. 전공의들은 내 발을 고정한다고 힘주어 누르고 있었다. 시간이 지날수록 허리가 아파서 죽을 지경이었다. 허리가 아프다고 말하니, 엄살 피우지 말라는 표정들을 지으며 들은 척도 안 했다. 너무 아파서 소리를 지르자, 그때서야 간호사가 반응했다. 시트를 허리 밑에 고이니 아프지 않았다. 수술하고 한 달간 입원 치료를 받고 퇴원했다.

그런데 수술한 부위가 거의 일 년 동안 계속 아팠다. 견디다 못해서 택시를 타고 보훈병원에 갔다. 수술한 정형외과 전문의는 엑스레이 필름을 살펴보더니, 이상이 없다고 했다. 귀가한 후에도 계속 수술 부위가 욱신거리며 아팠다. 견디다 못해 다시 택시를 타고 보훈병원 정형외과에 들렀다. 이번에도 엑스레이에서 필름을 살펴보더니, 이상이 없다고 했다. 울화통이 치민 나는 수술한 경골 부위를 보여주며 큰소리로 따졌다.

"그러면 부러진 이곳이 왜 이렇게 볼록 튀어나왔습니까?"

그러자 정형외과 전문의는 컴퓨터에 나타난 나의 상처 부위를 자세히 보더니, '어, 부러졌네'라고 아주 태연하게 말하는 것이었다. 그러면서 그 의사는 '이틀 후에 다시 오셔서 다리에 박은 철심을 빼자'고 했다. 어차피 일 년 이상 되었으니, 제거해야 한다는 것이었다.

이틀 후에 병원에 와서 철심 제거 수술을 받았다. 부러진 뼈를 일직선으로 바르게 펴고 철판을 부착한 뒤 나사를 조여야 했다. 그런데 부러진 뼈를 제대로 펴지 않은 채 철판과 뼈를 연결해 놓으니, 체중을 견디지 못한 나머지 철판이 부러진 것이었다. 이번에는 집 가까이에 있는 정형외과에 3개월간 입원했다. 그곳에서도 완치를 못 한 채 퇴원했다.

그러던 중에 정영자 목사님이 이대목동병원 정형외과에 한번가 보라고 권유했다. 즉시 이대목동병원 정형외과에 전화했다.

마침 수술 일정이 하나 비었다고 해서 바로 입원해서 수술하고 철심을 박았다. 입원한 지 한 달 만에 퇴원했다. 이번에는 의사를 잘 만났다. 목발 없이 걸을 수 있게 됐다.

그동안 경골 골절로 네 번 수술을 받았는데, 매번 말할 수 없는 고통 속에서 살았다. 특히 30년 만에 받은 두 번째 수술 때 너무 큰 고통을 받았다. 먼저 부러진 뼈를 신속하게 바로 잡고 철판을 부착해야 하는데, 그것을 그냥 놔둔 채 철판을 부착하여 부러졌던 것이다. 이 수술 후유증은 말할 수 없을 만큼 고통스러웠다. 심한 고통의 나날을 보내고 있을 때, 어떤 모르는 분에게서 전화가 왔다. 김오곤 한의사가 개발한 '바ㅇㅇ 뜸'이었다. 평상시 같으면 관심을 두지 않았을 텐데, 너무 고통이 심하니까 구입해서 환부에 발랐다. 거짓말같이 통증이 사라졌다. 이대목동병원에서 수술할 때까지 그 뜸을 사용하면서 고통과 통증을 제거할 수 있었다.

"모든 은혜의 하나님 곧 그리스도 안에서 너희를 부르사
자기의 영원한 영광에 들어가게 하신 이가
잠깐 고난을 받은 너희를 친히 온전케 하시며
굳게 하시며 강하게 하시며 터를 견고케 하시리라"
(베드로전서 5:10)

목소리

　우리 마을은 야산 밑자락에 위치한 촌락이었다. 마을 앞에 텃논, 냇가, 논, 공동묘지가 있고, 마을 우측 큰 냇가 너머로는 끝없는 논으로 이어져 있다. 마을 왼쪽은 경운기가 지나다닐 정도의 도로가 동서로 이어져 있다. 동네에서 300여 미터 떨어진 도로 양쪽으로는 널찍한 공동묘지가 있었다.

　칠흑 같은 밤에는 공동묘지에서 파란색이 감도는 붉은 빛이 나타나곤 했다. 어떤 사람은 묘지에 뚫려 있는 쥐구멍을 통해 무덤 속의 사람 뼈 성분이 나와서 그런 빛을 발한다고 했다. 우리는 그 불빛을 '도깨비불'이라고 했다.

　우리 마을에 '쇠장닭'이라고 하는 할아버지가 살았다. 그 할아버지는 연세가 많으나 청장년처럼 건강해서 모든 일을 척척 잘하셨다. 저녁 늦게까지 소를 몰고 농사일을 했다. 어느 날이었다. 밤늦게까지 소를 부리며 일을 시키니, 소가 지쳐서 주인 말을 듣지 않았다. 그러자 화가 난 할아버지는 소의 코를 자기 이로 물었다. 소가 놀라 뒷걸음질을 쳤다. 이게 사람이야! 개야! 하여간 대단한 할아버지였다.

장날이었다. 농사일을 끝내고 늦게 장에 들러 일도 보고 술도 한잔했다. 읍내에서 우리 마을까지는 8km 거리였다. 술에 취해 늦게 집에 오는데, 동네 어귀에 있는 상엿집 부근에서 도깨비에게 홀려서 새벽까지 허우적거렸다 한다. 사람들은 기가 약한 사람이면 도깨비에게 당했을 거라고 했다.

내가 중학교 2학년 때였다. 당시 나는 교회 외에는 사람들과 접촉이 거의 없었다. 교회에서도 예배드릴 때 사람들을 접할 뿐 대화는 없었다. 오래전에 아버지가 돌아가셨고, 아버지의 몫까지 대신했던 어머니는 늘 바쁘셨다. 그리고 형과 누나와는 거의 대화를 하지 않았다. 나는 헛간 옆에 있는 방에 가서 지도를 보고 지냈다. 지도 속에서 세상을 보고 또 보았다. 나는 커서 무엇을 해야 할지, 어떻게 살아가야 하는지, 생각만 많았을 뿐 그 방법을 알지 못했다. 나의 장래에 대해 조언해 주는 어른도 없었다. 그러다 보니 앞으로 살아갈 일에 은근히 겁이 났다. 그래서 생각한 것이 단단한 세상에서 살아남으려면 '담력이 있어야 한다'는 것이었다.

나는 밤에 집에서 나와 다리를 건너 300m 도로를 따라 공동묘지로 갔다. 그리고 그곳에서 노래를 불렀다. 잔뜩 겁에 질려 목소리도 나오지 않았지만, 작은 소리로 계속 찬송가를 불렀다. 어찌나 무섭던지 입술이 자꾸 포개졌다.

어느 깜깜한 밤이었다. 집에서 나와 작은 다리를 건너서 도로를 따라 공동묘지 부근까지 갔다. 그때 맞은편 도로가 구부러진 곳에서 어른이 나타났다. 나는 기겁했다. 그 어른도 깜짝 놀라서 헛기침을 여러 번 했다. 공동묘지에 가서도 담대하게 찬송을 부를 수 있게 힘을 주신 하나님께 영광과 감사를 드린다.

"나는 포도나무요 너희는 가지라 그가 내 안에
내가 그 안에 거하면 사람이 열매를 많이 맺나니
나를 떠나서는 너희가 아무것도 할 수 없음이라"

(요한복음 15:5)

이사

전세로 살고 있는 아파트 만기일이 다가오는데, 전세가 나가지 않는다. 집주인도 아파트를 내놓았다는데, 영 신통치가 않다. 여러 사람이 집을 둘러보고 갔지만, 계약은 이루어지지 않았다.

2023년 6월 6일 만기일을 앞두고 서울에 있는 기업은행에 가서 전세 대출금 상환을 4개월 연장했다. 뜻밖에도 금리는 거의 1% 가까이 올랐다. 이 사실을 집주인에게 전하자, 4개월 후에는 무슨 일이 있어도 틀림없으니 믿어도 된다고 했다. 집주인 말만 믿고 큰딸이 원하는, 큰딸 집과 가까운 곳에 집을 계약했다. 그러나 이사 갈 날이 다가오는데, 여전히 집이 팔리지도 전세가 나가지도 않았다. 전세대출을 갚지 않으면 이사 갈 집의 대출이 안 된다.

드디어 2023년 10월 6일. 오늘은 이삿날이다. 아침 7시가 조금 지나자, 이삿짐을 옮길 트럭이 도착했다. 서둘러 이삿짐을 차에 옮기기 시작했다. 내 마음은 점점 더 다급해지고 불안해지기 시작했다. 여주에서 새로 이사하는 오남까지는 1시간 30분 정도 걸린다. 늦어도 오전 11시에는 출발해야 대출금 및 서류 작성을 마칠 수가 있다.

9시가 조금 지나 집주인에게 전화를 했다. 아직도 대출금이 나오지 않아 전세 비용을 못 갚았다는 것이다. 큰 일이 발생한 것이다. 이때부터 본격적으로 기도하기 시작했다. 물론 이사를 놓고 우리 부부는 6개월 이상 매일 기도하고 있었다. 오남에 있는 현대부동산에서 전화가 왔다. 서울에 있는 부동산, 부동산 중개인, 이사 갈 집 주민 등 관계자가 12시 정각에 모이기로 했다는 것이다. 그 전화를 받고 우물쭈물하다가는 계약금 2천만 원을 떼일 수도 있다는 생각이 들었다. 또한 트럭에 실린 이삿짐은 어떻게 하지? 이미 집을 비웠기에, 이삿짐을 싣고 갈 곳도 없었다.

　10시 30분경 집주인에게 다시 전화를 했다. 아직까지 대출이 성사되지 않았다는 것이다. 그러나 12까지 도착하려면 무조건 출발하지 않으면 안 되었다. 대출은 하나님께 맡기고 오남으로 출발했다. 가는 도중에도 30분 간격으로 계속 전화했다. 그러나 아직 대출이 발생하지 않았다는 대답만 돌아왔다. 12시 20분쯤 이사할 아파트가 있는 부동산에 도착했다. 부동산 사무실엔 나까지 7명이 심각한 표정으로 숨을 죽이고 있었다. 서로 간단한 인사를 했을 뿐, 모두 침묵만 지키고 있었다.

　12시 30분이 되자, 부동산에서 은행으로 전화를 걸었다. 지금 막 대출이 성사되었다는 것이다. 은행에서 서류제출을 했기 때문에 자동으로 대출이 성사되어 이사를 할 수 있었다. 모두 다 하나님의 크신 은혜였다. 우리 하나님께서는 합하여 선을 이루시어

우리 가족이 무사하게 이사하도록 큰 은혜를 베푸셨다.

"또 내게 이르시되 나의 은혜가 네게 족하도다.
이는 내 능력이 약한 데서 온전하여짐이라 하신지라
그러므로 도리어 크게 기뻐함으로 나의 여러 약한
것들에 대하여 자랑하리니 이는 그리스도의 능력이
내게 머물게 하려함이라."
(고린도후서 12:9)

눈을 떠라

전투기가 굉음을 내면서 북쪽을 향해 날아가고 있었다. 포탄은 쉴 새 없이 살고 있는 아파트와 그 앞의 공원, 공터, 읍사무소, 농협, 병원, 약국, 대형 마트 등에 무작위로 계속 떨어지고 있었다.

전화도 불통이었다. 포탄이 떨어진 곳곳에서 화염이 충천하고 있었다. 지축이 흔들리는 쿵쿵 소리와 흔들림은 온몸을 떨게 만들었다. 아파트 단지 곳곳엔 불이 붙어서 주변이 온통 화염에 휩싸여 있었다. 포탄으로 인한 화재가 동시다발로 일어나서 소방차가 출동했지만, 한 아파트 단지의 불도 끄지 못하고 우왕좌왕 어찌할 바를 몰랐다. 이곳에 사는 주민들은 불타는 아파트에 있을 수도 없고 대피할 곳도 막연해서, 어찌할 바를 모르고 벌벌 떨고만 있었다.

살고 있는 아파트 밑에서부터 고약한 화학성 냄새와 매캐한 연기가 출입문 틈으로 조금씩 들어오더니, 점점 까만 연기로 변하면서 숨쉬기가 곤란해졌다. 수건에 물을 적셔서 문틈 사이를 다 메웠다. 그래도 어디서 들어오는지 연기가 계속 들어왔다. 더 이상 방에서 구조를 기다리다가는 질식사할 것 같았다.

할 수 없이 나는 출입문을 조금 열어 보았다. 그러자 뜨거운 열기와 연기가 함께 방안으로 재빨리 들어왔다. 결단의 시간이 점점 다가오고 있었다. 더 이상 기다릴 수 없었다. 죽더라도 집을 뛰쳐나가야 한다. 오로지 그 생각 한 가지만으로 문을 밀치고 집 밖으로 나왔다.

엘리베이터는 작동을 멈추었고, 계단은 칠흑 같은 어둠에 잠겼다. 한 치 앞도 보이지 않는 계단으로 내려가는 것 외에는 다른 방법이 없었다. 오른손으로는 물에 적신 수건을 입과 코에 대고, 왼손으로는 면장갑을 착용하고 계단 손잡이를 잡고 천천히 내려갔다.

11층인 우리 집에서 한 층도 못 내려왔는데 숨을 쉬기가 어렵다. 그래도 내려가면 살 수 있겠지 하고 조심조심 내려갔다. 4층쯤 내려왔는데 1, 2층에서 불길이 뒤로 올라오고 있었다. 그래도 저 불길만 통과하면 살 수 있겠지 싶어 3층부터는 온몸의 힘을 짜내서 뛰어 내려왔다. 2층에서는 1층으로 거의 점프하듯 뛰어 버렸다. 그 순간 나는 쓰러졌고, 내 몸 위에는 불이 붙은 가구 등이 한 뭉치의 불덩어리가 되어 내 몸을 눌렀다. 그만 나는 질식하고 말았다. 숨도 쉬지 못하고 움직이지도 못했다.

그때 자비로운 음성이 들렸다. "눈을 떠라" 그 말씀을 듣고 나는 살았다.

"나의 영혼아 잠잠히 하나님만 바라라

무릇 나의 소망이 그로부터 나오는도다"

(시편 62:5)

2장

식물 이야기

꽃밭
왕고들빼기
잡초
배추밭에선 인삼도
잡초다
천혜의 약용식물들
냉이

까마중
참두릅
독활
오갈피
으름(한국바나나)
작두콩의 눈물
흔적

꽃밭

할아버지는 시골 우리 마을에서 유일하게 꽃밭을 가꾸었던 분이었다. 그래서인지 나 역시 꽃과 식물 재배를 좋아한다.

내가 살고 있는 23평 아파트는 꽃과 식물을 재배하기엔 너무 좁다. 이사 올 때 화분 2개를 가지고 왔다. 나은자 원장이 기증한 알로에베라와 미장원에서 준 박하 화분이다. 그리고 친구가 가지고 온 고무나무가 전부였다. 그러다가 오며 가며 노점상에서 사 온 스투키와 선인장류 4개가 더 추가되었다.

이곳 아파트에서는 일요일에 쓰레기 분리수거를 한다. 분리수거하는 곳을 지나는데 대형화분이 놓여 있었다. 저녁때 재활용 물품을 버리려고 갔는데, 그때까지도 화분이 그 자리에 그대로 있었다. 아파트 관리소 직원에게 물어보니, 가져가도 좋다고 했다. 그 화분을 집으로 가져왔다. 아내가 보고 그렇게 큰 화분(높이 50cm, 둘레 130cm)을 어디서 가져왔느냐며 달가워하지 않는 표정을 지었다. 말대꾸하면 싫은 소리가 나올 것 같아 베란다에 놓고 방으로 들어갔다.

다음 날부터 이 화분 관리를 어떻게 할 것인가 곰곰이 생각했다. 화분이 너무 커서 그 안에 채울 흙도 엄청나게 많이 소요될 것 같았다. 연한 화분 색깔에 어울리게 어떤 종류의 화초를 심을까 즐거운 고민과 걱정이 시작되었다.

허나 그것은 기우에 지나지 않았다. 겨울이 가까워 오자 아파트 단지 화단에 화분 흙을 버리는 게 자주 눈에 띄었다. 나는 외출했다가 집에 들어오는 길에 버려진 화분 흙을 검은 봉지에 담아와 그 화분에 채웠다. 흙을 다 채웠을 즈음, 하루는 대형 산세비에리아(높이 80cm, 둘레 50cm)가 밖에 버려져 있었다. 점차 기온이 떨어지는데, 그대로 두면 죽을 게 뻔했다. 그걸 가지고 들어와 우리 집 베란다 대형화분에 옮겨 심었다. 아내는 앞으로는 절대로 화분이나 꽃나무를 가져오지 말라고 했다.

3개월이 지났다. 대형화분 산세비에리아 주변에서 잡풀이 무성하게 자랐다. 얼마 전 내게 던진 경고를 까맣게 잊은 듯, 아내는 '잡풀이 이렇게 예쁜 줄 몰랐다'며 감탄했다. 산세비에리아는 산소를 제일 많이 내뿜는 식물이라는 내 말에, 아내는 화분을 가져오지 않았으면 큰 손해를 볼 뻔했다고 한다.

나는 밤 11시가 되면 산세비에리아가 있는 베란다로 나간다. 맞은편 300m 직선거리에 교회의 빨간 십자가가 보인다. 산소가 풍부한 최상의 공간에서 십자가를 바라보며 나는 두 손을 모은다. 오늘 하루도 무탈하게 보람 있는 시간으로 채워주신 주님의 은혜에 감사드리면서.

"하나님이 지으신 그 모든 것을 보시니
보시기에 심히 좋았더라"(창세기 1:31)

왕고들빼기

　이곳 오남으로 이사 온 지 5개월쯤 되었다. 그때 집에서 500미터 정도 떨어진 곳에서부터 지하철역까지 약 700미터 거리에 포장도로가 생겼다. 도로 양옆으로는 화단이 조성되었다. 새로 생긴 화단에 철쭉꽃이 심겨졌다. 철쭉꽃 모종을 어디에서 옮겨왔는지, 모종에 많은 잡초가 따라왔다.
　나는 이틀에 하루는 일을 보기 위해 서울에 다녀온다. 서울에 다녀 올 때마다 철쭉꽃 길로 오갔다. 그때마다 잡초를 뽑았다. 잡초를 뽑을 때는 민들레, 쑥, 냉이, 달맞이꽃, 왕고들빼기 등과 같은 식용식물은 뽑지 않았다. 아내는 허리 아픈데 잡초를 뽑지 말라며 여러 번 말렸다. 그러나 잡초를 볼 때마다 그냥 지나가질 못했다. 특히 왕고들빼기는 보기 힘은 식물이다. 그런데 이 귀한 왕고들빼기가 철쭉과 섞어 자라고 있었다.
　왕고들빼기는 약제로서 정신안정, 소화불량, 해열, 편도선염, 인후염, 유선염, 자궁염, 산후 출혈, 종기 치료(생뿌리를 찧어서 환부에 부착), 피부사마귀 치료(잎과 줄기를 말려 가루를 내서 들기름에 섞어 붙임)에 탁월한 효과가 있다. 어린잎을 나물로 무쳐 먹거나 생채로 간장에 찍어 먹어도 좋다.

 왕고들빼기의 효능을 알기 때문에, 그 주위에 있는 잡초는 특별히 주의해서 뽑았다. 나는 왕고들빼기가 잘 자라고 있어서 볼 때마다 기분이 좋았다. 개인 사정으로 며칠 동안 출타를 하지 않았다. 며칠 후 서울에 가려고 철쭉꽃 길을 걸었다.

 아뿔싸! 누구의 소행인지는 알 수 없지만, 그 많은 왕고들빼기가 다 뽑혀져 있었다. 뿌리에 붙은 흙까지 털린 채 길가에 버려져 있었다. 순간 화도 나고 마음이 아팠다. 정신을 가다듬고 생각해 보니, 보이지 않는 눈이 내가 자주 철쭉꽃 길의 잡초를 제거하는 것을 보고, 그런 잡초 제거를 돕고 싶어서 왕고들빼기를 다 뽑아 버린 것 같다. 또 하나, 그를 나무랄 수도 없는 것이 철쭉꽃 외에는 다 잡초인데, 잡초를 뽑았대서 뭐라 하겠는가. 그리고 이 일은 서서히 잊혀졌다. 오늘도 나는 이 길을 오가며 잡초를 뽑는다.

"또 이르시되 하나님의 나라는 사람이 씨를 땅에
뿌림과 같으니 그가 밤낮 자고 깨고 하는 중에
씨가 나서 자라되 어떻게 그리 되는지를 알지 못하느니라"
(마가복음 4:26-27)

잡초

인간 생활에서 소중하게 여기지 않는 풀을 잡초라고 한다. 미국 잡초학회에서는 잡초를 인류의 활용과 행복과 번영을 거스르거나 방해하는 모든 식물이라고 말한다. 유럽 잡초과학협회는 인간의 목적이나 요구에 방해가 되는 식물을 잡초로 규정한다. 옥스퍼드 사전에서는 원하지 않는 곳에서 자라는 식물이라 정의하고, 영국엔 '잡초가 없는 정원은 없다'라는 속담이 있다. 우리나라 사전에는 저절로 자라는 여러 가지 풀, 농경지나 뜰 등에 나지만 재배할 목적이 아닌 풀이라고 나와 있다.

잡초는 강한 식물이 자라는 것을 피해서 자생한다. 잡초는 조건이 나빠도 씨앗을 남기지만, 조건이 좋으면 씨앗을 더 많이 낸다. 즉 좋을 때도 나쁠 때도 최선을 다한다. 잡초는 땅에 길게 누워 있듯이 자라기에, 밟혀도 타격을 적게 입는다. 잡초 씨앗은 땅속에서 20년 동안 묻혀 있다가도 알맞은 물기, 알맞은 햇볕, 알맞은 토양이 허락되면 언제라도 거침없이 돋아난다. 생명의 기회를 포기하지 않는, 악착같은 그 생명력에 놀라지 않을 수 없다.

고등학교에 다닐 때였다. 학교 운동장은 대단히 넓었다. 수업이 일찍 끝나거나 무슨 행사가 있을 때면, 우리는 운동장 구석구석에서 자라는 잡초를 뽑아야 했다. 잡초 뽑는 일은 그렇게 힘든 일이 아니었다. 그런데 일부 학생들은 농고생도 아닌데 풀을 뽑게 한다고 계속 불평을 해댔다.

아내는 대형 화분에서 한겨울에도 잘 자라는 잡초들을 사랑했다. 고구마밭에 몇 개 되지 않는 잡초도 싫어했던 사람인데, 아파트 안에서 자라는 잡초는 신기하게 생각하고 보기 좋다고 했다. 하루 종일 바라봐도 질리지 않다는 것이다. 잡초는 꽃이 피자마자 며칠 만에 열매를 맺고 씨를 떨어뜨린다. 잡초의 엄청난 성장력과 번식 속도를 무심히 대상물로 바라보자면, 매료되기에 충분하다.

잡초는 어지간히 밟혀도 죽지 않는다. 또한 잡초는 밟히고 또 밟혀도 반드시 꽃을 피우고 씨앗을 남긴다. 중요한 것은 놓치지 않는 삶, 이것이 잡초의 진정한 혼이다.

> "시온의 자녀들아 너희는 너의 하나님 여호와로 말미암아
> 기뻐하며 즐거워할지어다 그가 너희를 위하여
> 비를 내리시되 이른 비를 너희에게 적당하게 주시리니
> 이른 비와 늦은 비가 예전과 같을 것이라"
> (요엘 2:23)

배추밭에선 인삼도 잡초다

사람이든 식물이든 꼭 필요한 자리에 있어야 한다. 배추밭에서는 인삼도 잡초에 불과하다. 엄밀한 의미에서 '잡초'란 없다. 그것은 지극히 인간 중심적 시각에서 만들어진 기준일 뿐이다. 해충과 익충의 기준이 인간 삶의 유불리에 의하여 규정된 것처럼,

송나라의 철인 주자는 이렇게 노래했다. '미워서 뽑으려 하니 잡초 아닌 것이 없고, 좋아서 두고 보자니 꽃 아닌 것이 없다' 내 마음가짐에 따라 잡초로도 보이고, 꽃으로도 보이는 것이다. 관심을 두지 않고 하찮게 대하면 모든 게 잡초로 보이지만, 애정을 갖고 자세히 들여다보면 잡초도 꽃으로 보인다. 사람도 그렇다. 세상 모두가 어떻게 보느냐에 따라 잡초도 되고 꽃도 된다.

순자도 '하늘은 복록이 없는 사람을 내지 아니하고, 땅은 쓸모없는 초목을 기르지 아니한다'라고 말했다. 아무렇게나 피어있는 꽃이 없듯, 마지못해 살아 있는 꽃도 없다. 우연히 태어난 인생이 없듯, 마지못해 살아가는 인생도 없어야 한다. 애당초 잡초란 없다. 단지 있어야 할 제자리를 가리지 못해 잡초가 되었을 뿐이다.

주역 계시전에 '삼라만상은 그 성질이 유사한 것끼리 모이고,

만물은 무리를 지어 나누어진다'고 기록돼 있다. 이 천지자연의 질서에 순응하지 못하고 이탈한 것이 바로 잡초이다. 밀밭에 보리가 나면, 상황에 따라 잡초가 되는 것이다.

제자리에 있지 않으면 꽃도 풀이나 다름없다. 무밭에선 산삼도 잡초다. 사람도 마찬가지다. 자신을 필요로 하는 자리나 자신이 있어야 할 곳에 있으면 산삼보다 귀하다. 그러나 전혀 어울리지 않는 자리에 눈치 없이 뭉개고 있으면 잡초 같은 사람이 되는 것이다. 분별없이 살면 잡초가 되고, 주책없이 살아도 잡초가 된다. 자기 자신을 몰라도 잡초가 되는 법이다. 보리밭에 난 밀이나 밀밭에 난 보리처럼 자리를 가리지 못하면, 결국엔 잡초처럼 뽑히고 만다.

자고로 사람은 누울 자리를 보고 다리를 뻗어야 한다. 나는 지금 무밭의 인삼, 인삼밭의 무는 아닐까. 자기가 있어야 할 자리를 아는 것만큼, 남아야 할 때와 떠나야 할 때를 분별할 줄 아는 지혜가 필요하다.

"태초에 하나님이 천지를 창조하시니라"
(창세기 1:1)

천혜의 약용식물들

반도처럼 생긴 우리 밭은 공동묘지 끝자락에 있다. 우리나라 전역의 산자락이나 인접해 있는 대부분의 밭엔 다양한 종류의 약용식물이 자생하고 있다. 약용 식물은 우리가 약용인지 모르는 경우가 많다. 또한 약용인지 알고 있더라도, 효과적인 사용 방법을 몰라서 이용을 못 하는 경우가 적지 않다.

우리가 일상으로 대하는 식물들에 다양한 약효가 있다는 것을 안다면, 그 식물들이 이전과는 달리 보일 것이다.

- **자주달개비**: 당뇨병의 혈당을 낮춰 주고, 종기를 삭혀 주는 해독 작용을 한다. 당뇨병, 간경변, 신장염, 류머티즘성 관절염 등에 효과가 있다.
- **사철쑥**: 황달, 소변불리, 간염, 해독, 담즙 분비 촉진에 효과가 있다.
- **제비꽃**: 관절염, 임파선염, 이뇨, 지사에 효과가 있다. 제비꽃의 생잎은 종기나 독사에 물렸을 때 해독제로 사용된다.
- **구지뽕나무**: 소염, 진통, 습진, 항암제로 사용된다.

- **화살나무:** 기침, 가래, 월경불순, 당화면, 구충, 항암제, 장염, 황달, 고혈압, 신경통 등의 약으로 사용한다.
- **뽕나무:** 고혈압, 두통, 기침, 기관지염, 해열, 이뇨, 당뇨, 변비 등을 치료한다. 냉이는 비위허약, 소변불리, 월경과다, 산후출혈, 안질, 지혈, 당뇨병에 쓰인다.
- **쇠뜨기:** 지혈, 천식, 고혈압, 장염, 눈병, 기관지염, 변비를 치료한다. 탈모증에는 줄기를 믹서로 갈아 풀과 섞어서 나온 액으로 머리를 감거나 두피에 바르면 효과가 좋다.

  이상 열거한 식물들은 우리 밭둑에 서식하고 있는 약용식물들이다. 자세히 살펴보면, 우리 주위의 산야 전체에 많은 약용식물이 자라고 있는 것을 발견할 수 있다. 우리나라는 축복의 땅이다. 전 국토가 천혜의 약초밭이다.

> "그가 가축을 위한 풀과 사람을 위한 채소를
> 자라게 하시며 땅에서 식물이 나게 하셔서"
>
> (시편 104:14)

냉이

2018년 5월이었다. 아내가 문산의 한 요양병원에 입원했다. 그 요양병원은 휴전선에서 얼마 떨어지지 않은 냇가에 위치해 있다. 북쪽으로는 임진강이 유유히 흐르고 있었다. 사람들의 출입이 많지 않아, 그곳에는 여러 가지 나물이 지천으로 자라고 있었다.

요양병원은 입원환자의 외박은 허락하지 않으나 외출은 가능했다. 따뜻한 토요일 오후에 병문안을 갔다. 병원에서 멀리 떨어지지 않은 밭둑에 냉이가 많다고 했다. 냉이를 캐기 위해 우리 부부는 같은 병실을 사용하는 환우까지 셋이서 나왔다.

60도로 경사진 밭둑엔 냉이가 다닥다닥 붙어서 밀생하고 있었다. 이렇게 냉이가 빽빽하게 자라고 있는 곳을 난생처음 보았다. 본능적으로 욕심이 발동했다. 사실 나에게 필요한 양은 1평 정도에서만 채취해도 충분하다. 그런데 냉이를 캐다 보니, 약 30평 되는 경사면 전체가 눈에 들어왔다.

처음에는 큰 냉이만을 골라서 캐다가 나중에는 중간 크기도 채취했다. 계속 작업을 하다 보니, 요령도 생겼다. 경사진 둑에 발을 올려놓고 채취하는 것이 편했다. 시간이 지나자 허리가 아프기 시작했다. 그러나 언제 이런 횡재의 기회가 오겠나 싶어 허리 아픈 것을 참고 캤다.

가득 채취한 냉이를 차에 싣고 집에 왔다. 집에 와서도 허리에 통증이 느껴졌다. 자고 나면 괜찮겠지 하고 너무 피곤해서 씻지도 않고 자리에 누웠다. 다음 날 아침에 허리가 아파서 일어날 수가 없었다.

겨우 일어나서 부근에 있는 한방병원에 갔다. 3개월 동안 다녔는데도 차도가 없었다. 정형외과를 옮겼다. 그곳에서도 마찬가지였다. 평소 알고 지내던 서울시 한의사협회장을 지냈던 최 박사를 찾아갔다. 그는 침을 잘 놓기로 유명한 한의사였다. 그가 침을 놓으면 통증이 가셨다. 그러나 3일이 지나면 또다시 아팠다. 냉이를 많이 캐려는 나의 욕심이 통증을 부른 것이다.

"욕심이 잉태한즉 죄를 낳고
죄가 장성한즉 사망을 낳느니라"
(야고보서 1:15)

까마중

2021년 4월 말경, 우리 밭 마사토에 고구마를 심었다. 묘를 이장한 땅이어서 포클레인으로 평탄 작업을 했다. 그리고 호박고구마와 일본 고구마의 교배종이라는 하루카를 심었다. 새로 조성된 밭에는 고구마 외에 다른 작물은 없었다. 경작한 땅이 아니라 다른 잡초도 없었다.

고구마를 심은 지 오래지 않아서 고구마가 막 활착을 시작할 때였다. 까마중 몇 그루가 눈에 들어왔다. 농사짓는 분들은 잡초라고 뽑아서 버린다. 활착이 잘되기 때문에 농사에 방해가 된다고 했다. 나는 어릴 때 까마중을 '먹때왈'이라고 하여 검게 익으면 따서 먹었다. 열매는 적었지만, 먹거리가 풍부하지 않던 그 시절의 귀중한 간식거리가 되었다. 어릴 적 생각도 나고 친근감이 생겨, 고구마밭에서 뽑지 않고 그대로 두었다.

해가 바뀌어 2022년이 되었다. 올해에도 작년과 같이 고구마를 심었다. 고구마 줄기가 어느 정도 성장할 때였다. 작년에 보였던 까마중이 밭 전체에 여러 곳에서 발견되었다. 많은 개체가 밭 전체에 분포되어 자라고 있었다. '이놈들 봐라. 예뻐했더니 보응을 하네.' 식물도 사람과 같이 사랑을 주면 잘 자라고 번성한다는 것을 이때 알게 되었다.

고구마 소출을 생각하면 뽑아 버리는 게 맞지만, 짐짓 고심이 됐다. 그래서 까마중의 효능에 대해 알아보았다.

첫째, 항산화물질인 안토시아닌을 블루베리의 30배 함유하고 있다. 활성산소 제거, 혈당 개선, 노화 예방 효과
둘째, 혈관 내 노폐물 배출로 동맥경화, 심근경색, 고혈압 예방 효과
셋째, 유해 물질 제거, 항암 작용 효과
넷째, 이뇨 작용, 진정 기능 강화
다섯째, 신경안정, 불면증 개선
여섯째, 기관지 건강, 해열 작용
일곱째, 중풍 예방, 신장결석 제거, 여성 어혈 예방, 땀띠 치료

이 외에도 잎과 줄기에 귀중한 사포닌 성분이 많아 꽃은 가래약으로, 잎은 응고제, 지사제, 급성 대장염, 급성 간염 치료에 쓰이는 것으로 알려졌다. 생각했던 것보다 까마중은 귀중한 약재로 버릴 것이 없었다. 잡초로만 여겼던 까마중이 만병통치약이었던 것이다.

"하나님이 이르시되 내가 온 지면의 씨 맺는 모든 채소와

씨 가진 열매 맺는 모든 나무를 너희에게 주노니

너희의 먹을거리가 되리라"

(창세기1:29)

참두릅

두릅나무 중에서도 맛이 좋아서 참두릅이라고 한다. 초록빛을 띠는 새순은 크기가 굵고 가시가 없어 부드럽다. 씨앗보다는 뿌리로 번식이 잘된다.

한방에서는 새순을 목두채, 뿌리껍질을 근피, 줄기 껍질을 총목피라고 한다. 양기를 북돋우고, 피를 활성화시키며, 풍을 없애고, 신경을 안정시키며, 통증과 염증을 없애고, 소변을 잘 나오게 하는 효능이 있다. 위염, 간염, 당뇨, 관절통, 양기 부족 등에 약으로 처방한다.

비타민C, 단백질, 칼슘, 철분, 사포닌이 풍부하다. 봄에 어린 순을 데쳐서 날로 초고추장에 찍어 먹거나 양념으로 나물을 무쳐 먹는다. 또한 튀김, 산적, 부침, 전골, 장아찌 등 다양하게 요리할 수 있다. 옮겨 심을 때 쇠붙이를 사용하면, 다음 해에 죽으므로 조심해야 한다.

2005년경 동탄 지역 문화재 발굴 사업에 근무할 때였다. 대단지를 개발하기 전에는 문화재 발굴이 필수적인 단계였다. 동탄 아파트 단지 사업은 대단지 사업이었다. 자연 개발사업 구역은 대단지로 거의 도시 하나가 들어서는 대규모 사업장이었다.

발굴 사업단 숙소에서 300여 미터 떨어진 곳도 재개발 대상 구역이었다. 거기서 10여 분만 걸어가면 산 한쪽 면 전체가 약 2,000평이 넘는데, 그 넓은 땅에 두릅나무가 빼곡히 심겨져 있었다. 그곳은 토지를 팔고 이사를 한 후라, 사람의 발길도 닿지 않았다. 4월 중순경부터 5월 중순까지는 두릅 새순이 올라오는 시기였다.

오후 5시 문화재 발굴 사업단의 일과가 끝나면, 나는 산에 가서 두릅을 땄다. 월요일 출근해서 토요일 오후 서울의 집으로 귀가할 때, 참두릅을 잔뜩 따 가지고 의기양양하여 귀가했다.

"그가 가축을 위한 풀과 사람을 위한 채소를
자라게 하시며 땅에서 먹을 것이 나게 하셔서"
(시편 104:14)

독활

줄기가 곧게 자라고 바람에 잘 흔들리지 않는다고 하여 독활이라고 한다. 몸 전체에 털이 많고 독특한 향이 난다. 몸에 털이 많은 종류의 식물은 개미나 벌레가 잎사귀를 갉아 먹지 못하게 하기 위해서다.

독활은 한방에서 많이 사용한다. 풍을 없애고, 피의 양을 고르게 하며, 땅과 소변의 배출을 촉진한다. 통증과 염증을 없애며, 한기를 풀어 주는 효능이 있다. 감기, 두통, 관절염, 몸살에 약으로 처방한다. 뿌리는 햇볕에 말려 사용한다.

어린 순을 '땅두릅'이라 하는데, 봄에 어린순을 데쳐서 초고추장에 찍어 먹거나 무침과 부침개를 만들어 먹는다. 음기를 상하게 할 수 있으므로, 몸이 허할 때는 먹지 않은 것이 좋다.

2018년 5월 5일 평창에 산을 가지고 있는 친구가 있어, 7명이 1박 2일 일정으로 그곳에 모였다. 친구의 산은 평창의 산속 깊은 곳에 위치하고 있었다. 도착해서 주위를 살펴보니, 산 전체가 독활로 뒤덮여 있었다. 그 산 소유주가 약용으로 심었다고 했다. 땅두릅이라고 하는 특활의 어린 순은 아무리 채취해도 괜찮다고 했다. 가지고 간 배낭과 비닐 주머니에 한가득 채워지도록 땅두릅을 채취했다. 나는 두릅나물을 좋아한다. 덕분에 몇 년 동안 땅두릅을 원도 없이 먹었다.

2022년 5월 5일 다시 평창을 찾았다. 그런데 그 많던 독활이 사라졌다. 산 주인이 고가 한약재로 바꾸어 심었다고 했다. 길가와 구석진 곳에 있는 땅두릅을 채취할 수 있어서 그나마 다행이었다.

내가 두릅나물을 좋아하기 때문에, 독활 70그루를 여주 우리 땅에 옮겨 심었다. 독활은 생명력이 강해서 한 그루를 제외하고 전부 활착했다. 여주 토지를 매각할 때 독활도 따라갔다.

재래시장을 지나갈 때 땅두릅이 보이면 무척 반가웠다. 모든 소유는 언젠가 내 곁을 떠나간다. 떠나고 나면 덧없다는 것을 새삼 느낀다.

"삼가 탐심을 물리쳐라 사람의 생명이
그 소유의 넉넉한 데 있지 아니하니라"
(누가복음 12:15)

오갈피

산속 비옥한 땅에서 다섯 손가락을 쫙 펼친 모양으로 잎이 달린 나무가 오갈피이다. 한방에서는 잎이 다섯 장이고, 거기에 더하여 껍질을 약으로 쓴다고 해서 '오가피'라고 부른다.

오갈피는 한방에서 많이 사용한다. 근육과 골격이 튼튼해지고, 핏속의 콜레스테롤 수치를 줄이며, 신장과 간을 보호하며, 어혈을 풀고, 통증을 없애는 효능이 있다. 동의보감에서는 "오갈피를 오래 복용하면 몸을 가볍게 하고, 늙음을 견디게 하고, 수명을 더하게 한다"고 했다. 관절염, 신경통, 요통, 양기를 북돋우고 근력을 키울 때 처방한다. 열매와 뿌리와 껍질은 햇볕에 말려 사용한다.

봄에 연한 잎을 데쳐서 초장에 찍어 먹거나 나물로 무쳐 먹는다. 어린 순을 데쳐 떡을 해 먹어도 좋다. 어린 순은 잘게 썰어서 밥을 지을 때 넣어서 먹어도 좋다. 또한 새순은 열매와 함께 차를 끓여서 음용해도 좋다.

2007년경 문화재 발굴 지역이 문산에 지정되어 발굴 사업이 시작되었다. 발굴 대상 지역이 확정되고 컨테이너 숙소가 설치되었다. 숙소 주위를 살펴보니, 50여 미터쯤 떨어진 곳에 1,000

여 평 되는 넓은 곳에 오갈피가 가득 심겨져 있었다. 나무높이는 150cm 정도의 크기에 약재로도 쓸 수 있을 정도로 튼실했다. 그리고 계절이 10월이라 열매도 탐스럽게 주렁주렁 달려 있었다.

열매를 20kg 정도 채취했다. 문산시장에 가서 5가론 유리병 3개를 사 왔다. 그리고 오갈피 열매 약술을 담았다. 해가 바뀌어 2008년 봄이 되었다. 이번에는 사포닌이 제일 많다는 진초록의 여린 잎이 나에게 손짓하고 있었다. 금요일 저녁에 집에 갈 때마다 20리터 포대에 가득 담아갔다.

5가론 병에 술 3병을 담았다. 그리고 이사를 두 번 했다. 이상하게도 이사할 때 다른 물건들은 이상 없는데, 오갈피 열매로 담근 술은 한 병씩 실종되었다. 마지막 남은 한 병은 여주에서 아동 안전 지킴이를 같이하는 분에게 드렸다.

"믿는 무리가 한마음과 한뜻이 되어 모든 물건을
서로 혼용하고 자기 재물을 조금이라도 자기 것이라
하는 이가 하나도 없더라"

(사도행전 4:32)

으름(한국바나나)

　열매가 익기 전에는 남성의 모습이고, 다 익으면 여성의 모습을 하고 있다 해서, 남녀를 뜻하는 '얼음'이라고 불렀다. 그러다가 세월이 흐르면서 '으름'으로 불려졌다.

　한방에서는 줄기를 목통, 뿌리를 목통근, 열매를 팔월찰, 씨앗을 예지자라고 한다. 풍을 없애고, 기를 원활하게 하며, 간과 신장을 튼튼히 하고, 피와 맥을 활성화시켜 주며, 통증을 없애고, 소변을 잘 나오게 하는 효능이 있다.

　동맥경화, 위에 열이 있을 때, 가슴에 열이 나고 답답할 때, 요통, 심한 생리통, 자궁탈, 소변보기 힘들거나 색깔이 붉을 때, 몸이 부었을 때, 유방이나 목이 붓고 아플 때, 생리가 멈추었을 때, 젖이 잘 안 나올 때, 관절통 등에 약으로 처방한다.

　봄에 어린잎을 데쳐 나물로 무치거나 국을 끓인다. 잘 익은 열매는 과육이 부드럽고 매우 달다. 씨앗은 기름을 짜서 먹는다.

　2024년 4월 하순이었다. 친구 김영곤 부부가 찾아왔다. 친구는 고등학교 시절 같은 집에서 하숙을 했다. 고등학교 졸업 후에 둘의 방향은 달랐지만, 서로의 연락은 끊기지 않았다. 어느 날 아침에 친구가 갑자기 방문하겠다고 연락이 왔다. 그간 서로의 안부를 묻고 정담을 나누었다.

이야기 도중 내가 2023년 11월에 전립선암 판정을 받고 치료 중이라고 했다. 그 말이 떨어지자, 듣고 있던 친구 부인이 말했다. 모든 병은 염증으로부터 시작된다고 했다. 친구 부인도 무릎 관절이 심해서 한 달 전까지 거동도 못 하고 누워 있었다고 했다. 그런데 친구 부인에게 문병 온 한 권사님이 으름 나무를 달여 먹으면 나을 거라고 얘기해주더란다. 거동도 못 하는데 무슨 일인들 못 하겠느냐 싶어, 즉시 으름 나무를 구해서 끓여 먹고 나았다는 것이다.

친구 부인은 이곳 오남저수지 주변에 친척 한 분이 살아계실 때 여러 번 왕래해서 이곳 주변을 잘 안다고 했다. 나에게 당장 으름 나무를 캐러 가자고 했다. 도구를 들고 저수지 주변 산을 돌아다녀 보았으나 없었다. 내려오는 도중에 공사판 울타리에 한 그루가 있어 잘라서 가져왔다. 그러나 양이 너무 적어서 시장에서 으름 나무를 사다가 계속 끓여 마셨다.

이것을 끓여 마시기 전에 순복음교회 신 권사님이 약쑥 훈증이 전립선암 치료에 좋다고 해서 4개월 정도 훈증도 했다. 합하여 선을 이룬다는 성경 말씀대로, 전립선암 수치 PSA가 0 이하로 떨어졌다.

"우리가 알거니와 하나님을 사랑하는 자 곧

그의 뜻대로 부르심을 입은 자들에게는

모든 것이 합력하여 선을 이루느니라"

(로마서 8:28)

작두콩의 눈물

2021년 5월, 종묘사에서 작두콩을 사다 심었다. 심은 지 일주일이 지났는데도 싹이 나오지 않았다. 날씨가 계속 가물었다. 매일 하루도 거르지 않고 물을 주었다.

작두콩 씨앗 다섯 개를 심었는데, 한 개에서 조그마한 싹이 올라왔다. 두 개에서도 싹이 올라왔다. 나머지 2개는 싹이 올라오지 않아서 손으로 작두콩 심은 곳을 눌러 보았다. 물컹한 느낌이 들어 헤쳐보니, 물을 너무 많이 주어 작두콩 씨앗이 썩어 있었다. 아까운 생각이 들었지만 어찌할 수 없었다. 그래도 세 개의 작두콩을 건졌으니 감사했다.

무사히 싹을 틔우고 줄기가 자라기 시작하는 이놈들에게 지주대를 세우고 망으로 덮어 주었다. 줄기는 활기차게 뻗어 나갔다. 작두콩 열매도 탐스럽게 잘 자랐고 많이 달렸다.

10월 중순에 튼실한 작두콩 열매 아홉 개를 수확했다. 처음 심어보는 작물에서 결과물을 수확하니 즐거웠다. 그래서 밭 주변에서 농사짓는 분들에게 작두콩의 효능에 대해서 물어보았다. 종자를 구입한 종묘사에 가서도 물어보았다. 종묘사 주인은 제법 진지한 어조로 작두콩도 콩이니까 밥 지을 때 넣어 먹으면 된다고 했다. 그때 농약을 사러 온 젊은 분이 우리 대화를 듣고 있다가, 네이버에 들어가 보라고 했다. 집에 와서 인터넷 지식 검색으로 찾아보았다.

작두콩의 원산지는 열대 아시아, 아프리카, 인도 지방이라고 했다. 그리고 우리나라가 속한 온대지방에서는 일년생이지만, 열대지방에서는 다년생이라고 했다. 콩깍지의 생김새가 작두와 닮았다 하여 작두콩이라고 하여 도두라고도 한단다. 고려시대의 왕실에서 약재와 식품으로 활용되었으나, 6.25전쟁 이후로 볼 수 없었다. 그런데 1990년대 말에 충청북도가 중국 헤이룽장성과 맺은 자매결연을 통해 국내에 종자가 보급되었다.

최근에 작두콩의 효능이 국내에 알려지면서 점차 재배가 활발히 이루어지고 있다고 한다. 작두콩의 효능은 치질, 시력 개선, 축농증, 중이염, 위염, 대장염 등에 효과가 크고, 콩깍지는 만성 설사, 월경 중단, 식체 등에 도움을 준다고 알려져 약용으로 이용된다. 사포닌이 풍부해서 지방 흡수를 지연시켜 체중 증가를 억제하고, 식이섬유가 풍부해 변비 예방에도 도움을 준다고 한다. 귀중한 약초라기에, 줄기에 붙어 있는 어린 작두콩까지 다 수확했다.

2021년 7월 말경, 막내딸 다은이가 여주 청년센터를 방문했다. 하루는 선생님이 주셨다고 하면서 어린싹이 심겨져 있는 조그마한 화분을 들고 귀가했다. 자세히 보니 작두콩이었다. 화분이 너무 작아서 큰 화분으로 옮겨 심었다. 예상보다 잘 자랐다. 실내에 두어선지 12월인데도 성장을 멈추지 않고 계속 자랐다.

 2022년 1월 초 작두콩을 자세히 보니, 꼬투리에 이슬보다 맑은 큰 물방울이 맺혀 있었다. 어떤 때에는 햇빛에 반사되어 옥구슬처럼 보였다. 그러나 작두콩잎은 점점 누런빛으로 변해 가더니, 한 잎 두 잎 떨어지기 시작했다.

 그러나 작두콩에 붙어 있는 눈물 같은 맑은 물방울은 떨어지지 않았다. 겉옷 같은 잎이 하나둘 떨어지는 것을 보고 작두콩은 울고 있었던 것이다. 잎이 다 떨어져 나신이 된 후에도 작두콩은 여전히 눈물을 흘리고 있었다. 너무 슬픈 나머지 눈물방울은 꼬투리에 꼭 매달려 있었다. 그리고 마침내 작두콩 꼬투리에 딱 달라붙은 채 투명하고 맑은 수정 같은 고체 눈물이 되었다.

"하나님이 이르시되 땅은 풀과 씨 맺는 채소와
각기 종류대로 씨 가진 열매 맺는 나무를 내니
하나님 보시기에 좋았더라"

(창세기 1:11)

흔적

'도토리'라는 이름은 어느 특정 나무의 열매를 가리키는 것이 아니다. 참나무류에 속한 나무 열매를 가리키는 이름이다. 여기에는 여섯 종이 있다. 상수리나무. 신갈나무. 갈참나무, 졸참나무, 굴참나무, 그리고 떡갈나무다.

도토리를 음식에 이용하는 나라는 한국이 거의 유일하다. 서양, 중국, 일본에서는 먹거리가 부족하던 시절을 제외하고는 도토리를 먹지 않는다고 한다. 돼지 먹이로만 사용한다. 우리나라에서도 도토리는 흉년으로 곡식이 부족할 때 찾는 음식이었다. 풍년이 들면, '개밥에 도토리 신세'라는 말이 있는 것처럼, 개도 거들떠보지 않는 하찮은 것으로 취급했다.

최근에는 도토리가 우리 몸에 좋은 성분이 풍부하다고 하여 웰빙 식품으로 대접받고 있다. 도토리의 쓴맛을 내는 탄닌은 활성산소 제거와 지방 대사에 관여하고, 콜레스테롤과 혈당 수치를 낮추고, 장운동을 돕는 섬유질이 풍부하다. 또한 항염 작용과 스트레스 제거, 몸속의 중금속 배출에 크게 관여한다.

우리 밭 입구의 주차장 주변에 십수 년 된 도토리나무 세 그루가 딱 버티고 있다. 높이는 십여 미터에 둘레 50센티미터쯤 되고, 무성한 가지를 펼치고 있다. 2022년 차를 주차장에 세워 두고 밭일을 할 때였다. 도토리가 차 위에 떨어지면서 탕탕 소리를 냈다.

집으로 돌아올 때 보니, 도토리 열매가 다른 곳보다 굵었다. 나는 평소에 도토리묵을 좋아하기에, 그릇에 담아 집으로 가져갔다. 햇볕에 말려서 보관해야 한다고 하여 잘 말렸다. 그런데 힘들게 주워 온 이 도토리를 하얀 버러지(벌레)가 거의 다 먹어 치웠다.

아내는 도토리 껍질을 제거하고 말려야 한다고 했다. 그 당시 가을 추수 때라 매일 일이 끝난 후에는 도토리를 주워 와서 손톱으로 껍질을 제거했다. 손톱으로 껍질을 제거할 때 도토리 진액이 손톱 밑에 묻어 손톱 끝이 까맣게 물들었다. 매일 도토리 껍질을 제거하다 보니, 오른손 엄지와 검지 손톱 밑이 새까매졌다. 세척제를 사용해서 박박 문질러도 한번 검게 물든 손톱은 쉽사리 사라지지 않았다.

결혼식장이나 뷔페식당에 가면 손이 노출되기 때문에, 구석진 테이블에 자리를 잡곤 했다. 그러나 알고 보면 창피할 이유가 하나도 없다. 남에게 해를 끼친 것도 아니고, 단지 도토리 수확의 흔적일 뿐인 것을. 사람 눈을 의식해서 손을 감추려 했던 나의 미성숙한 태도에 쓴 웃음이 나왔다.

"너를 미워하는 자는 부끄러움을 당할 것이라"

(욥기 8:22)

3장

동물 이야기

한우
선녀 나방
까치
새끼
줄돔
월척
끈
거름

한우

　일평생 한우 고기를 먹어 본 기억이 희미하다. 2023년 동생들과 양양을 다녀왔다. 갑자기 사촌 동생이 점심을 사겠다고 했다. 대관령을 넘어 횡성에 이르렀다. 횡성 한우가 유명하다고 했다.
　음식점에 들어서니 발 디딜 틈이 없다. 사촌 동생은 평소의 성격대로 통 크게 한우를 주문했다. 맛을 보니 별로다. 수입산 소고기보다 맛이 떨어지는 것 같았다. 그런데 비싼 고기를 대접하는 동생의 성의가 고마워서, 주문한 한우를 다 비웠다.
　비싼 한우 고기를 먹은 기분은 씁쓸했다. 재빨리 자판기 커피를 한 잔 뽑아서 마셨다. 커피 맛이 최고였다. 자판기 커피가 이렇게 맛있는 줄은 몰랐다. 번화가를 걷다 보니, 한우를 내건 음식점이 즐비해 있다. 그러나 한우 고기를 먹고 싶은 마음은 일지 않았다. '농약 친 볏짚을 먹고 자란 한우보다 방목한 호주산 소고기가 훨씬 몸에 좋다'고 자위해 본다. 실은 비싼 한우를 먹을 돈도 없지만.
　며칠 전이다. 그동안 막내딸은 대학 재학 중에 2년간 휴학하고, 졸업 후 거의 3년 가까이 취업 준비를 했다. 이 기간 중에 임시직으로 근무하면서 취직의 어려움을 경험했다. 그러다가 얼마 전에 정식 취업을 했다. 아비인 내가 더 기뻤다.

출근한 지 한 달도 안 된 막내딸이 퇴근길에 한우를 들고 들어왔다. 깜짝 놀랐다. 회사에서 직원에게 한우를 선물로 보내 주다니. 기적이 따로 없었다. 포장도 아주 고급지게 보였다. 나는 속으로 선물할 데가 많으니 그대로 두었다가 선물할까 생각했다. 아내는 빛깔 좋은 한우 포장을 들여다보며 침을 꼴깍 삼켰다. 내 반응이 별로 없자 재빨리 포장을 풀어서 냉동실에 넣었다. 남 주지 말고 우리가 먹자는 것이다. 나 역시 한 번도 아내에게 한우를 사 준 적 없기에, 눈만 멀뚱멀뚱하고 있었다. 드디어 우리도 진짜 한우를 먹게 되었다. 먹어 봐야 알겠지만.

"우리가 알거니와 하나님을 사랑하는 자
그 뜻대로 부르심을 입은 자들에게는
모든 것이 합력하여 선을 이루느니라"

(로마서 8:28)

선녀 나방

 2021년 7월이었다. 경사진 땅에 옮겨 심은 땅두릅에 하얀 나방이 붙어 있었다. 자세히 보니, 70여 그루 중 10여 그루의 연하고 어린싹에만 있었다. 이웃에 사는 고추밭 주민에게 하얀 나방에 대해서 물어보았다. 그분은 선녀 나방이 미국에서 왔는지 중국에서 왔는지 모르지만, 농토와 주변에 많이 서식한다고 알려 주었다. 선녀 나방은 식물의 어린잎과 줄기에 붙어 영양분을 흡입하여 작물을 고사시킨다고 했다.
 지난번에 땅두릅나무 10여 그루에 붙어있던 선녀 나방이 얼마 지나지 않아 이번에는 밭 전체에 퍼져 있었다. 해충이라는 이야기를 듣고 살충제를 사서 부렸다. 약을 뿌리면 재빨리 줄기나 잎 뒤로 피했다. 굉장히 민첩하게 숨는 벌레였다. 약을 살포한 후에 밭 주위를 한 바퀴 돌아보았다. 선녀 나방이 거의 모든 나무에서 서식하고 있었다. 선녀 나방이 아니라, '악녀 나방'이라는 표현이 옳을 것 같았다. 자세히 관찰해 보니, 뽕나무와 아카시아의 어린 잎과 줄기에 많이 기생하고 있었다.
 다음 날부터 밭일이 끝나면 선녀 나방 퇴치에 나섰다. 밭 주위

100여 미터 주위의 수목에도 많은 선녀 나방이 살고 있었다. 매일 밭에 가면 선녀 나방 퇴치에 많은 노력을 기울였다. 그리고 선녀 나방 퇴치를 위해서 중형 분무기를 사서 매일 약을 뿌리고 다녔다. 그 무더운 8월의 날씨에도 나는 오로지 선녀 나방 박멸에 최선을 다했다. 잡아도 잡아도 끝없이 나타났지만, 이에 굴하지 않고 잡고 또 잡았다.

밭 북쪽엔 큰 뽕나무 4그루가 있었다. 밭 주위로 수로가 나 있어서 농어촌 공사에 뽕나무 제거를 민원으로 넣었다. 담당자가 직접 확인해 보더니, 뽕나무를 뿌리째 뽑으면 이웃 밭이 무너질 수 있으니, 뽕나무 중간을 잘라주겠다고 했다. 중간 정도 자르고 보니 미관이 좋지 않았다. 마침 주변에서 포클레인으로 공사를 하고 있었다. 가서 사정 이야기를 하니, 뽕나무를 뿌리까지 제거해 주었다. 뽕나무가 완전히 제거되니, 경관도 좋아지고 선녀 나방도 말끔히 박멸되었다. 우리 밭 주위에 서식하던 선녀 나방을 거의 다 박멸시킨 것이다.

"여호와는 모든 자비를 베푸시며 그의 손으로 만든
그 모든 것에 은혜를 베푸시느니라"
(시편 145:8)

까치

　까치는 몸길이가 약 45cm, 날개 길이가 20cm 전후인 잡식성 조류다. 쥐. 곤충, 해충들을 잡아먹는, 우리에겐 익조라고 알려져 있다. 수박, 사과, 배, 감, 감자 등 과실과 농작물에 피해를 주기도 한다.

　삼국유사에 계림의 동쪽 아진포에서 까치 소리를 듣고 배에 실어 온 궤를 열어 보니, 잘생긴 아이 하나가 있었다 한다. 석 탈해왕에 관한 신화에 나오는 이야기다. 까치는 반가운 소식을 가져다 주고, 귀한 인물의 출현을 알려 주는 길조로 여겨지고 있다. 그러나 유난히 시끄럽게 떠드는 사람을 '아침 까치 같다'고 한다. 허풍과 헛소리를 잘하는 사람을 '까치 뱃바닥 같다'고 빗대어 말하기도 한다.

　서양에서는 주로 '머리 좋고 얄미운 새' 정도로 생각한다. 까치 두 마리는 결혼을 상징하지만, 까치 일곱 마리는 불행을 상징한다고 한다. 우리나라 사람들은 까치가 울면 좋은 일이 생기거나 반가운 손님이 찾아온다고 믿었다.

　2021년 10월, 나는 밭에서 고구마를 캐고 있었다. 새로 지은 조그마한 농막 지붕에서, 그리고 서쪽의 뽕나무 위에서 까치들이 유난히 소란스럽게 울고 있었다. 까치가 울면 희소식이 날아온다는 전통의 인식대로, 오늘 무슨 좋은 일이 생기지 않을까 나는 은근히 기대가 됐다.

그때였다. 휴대전화 벨 소리가 들렸다. 손에 흙이 묻어 있어서 받지 않았다. 계속 벨 소리가 울렸으나, 나중에 확인해 보자 하고 계속 고구마를 캤다. 두 번째 전화벨 소리가 울렸다. 계속 울리기에 손의 흙을 털고 전화를 받았다. 나는 처음 듣는 목소리인데, 그는 나를 잘 안다고 했다.

그게 끝이 아니었다. 자기가 여주에 왔는데, 나를 만나러 오겠다고 했다. 상의할 일이 있다는 것이다. 지금은 고구마를 캐고 있으니, 다음에 만나자고 했다. 그래도 계속 요청하기에 알았다고 했다. 급히 찾아온 용건이란 게 급전이 필요해서였다. 나는 빌려줄 돈이 없어서 미안하다고 했다. 절망의 낯빛을 띤 그는 기가 죽어 돌아갔다. 그의 뒷모습을 바라보는 내 마음도 안타깝기 그지없었다.

"가난한 자를 불쌍히 여기는 것은 여호와께 꾸어드리는 것이니
그 선행을 그에게 갚아 주시리라"
(잠언 19:17)

새끼

2020년 6월경이었다. 날씨는 쾌청했고, 구름 한 점 없는 맑은 하늘엔 황금빛 태양이 자태를 뽐내고 있었다. 밭둑에 여러 가지 화초와 나무를 심었다. 맨 위에는 경계 표시로 주목 나무를 심었다. 그리고 중간에는 철쭉을 심고, 맨 아래에는 잔디씨를 뿌렸다. 그리고 1년생 화초를 군데군데 심었다.

밭둑은 45도로 경사져 있어 가뭄을 곧장 탔다. 5리터짜리 조루로 물을 흠뻑 주었으나, 경사가 심해선지 둑 밑으로 흘러 내려가 물을 더 주어야 했다. 붉은 적토와 황토가 섞여 있는 밭이다. 철쭉과 철쭉 사이는 황토, 적토, 잡초가 자리를 채웠다. 진적색의 철쭉꽃이 화려하게 피어오르고 있었다.

'와! 아름답다.' 나도 모르게 탄성이 터졌다. 반 고흐의 붉은 포도밭과 마티스의 열린 창을 합한 한 폭의 수채화였다. 황금빛 태양은 이글거리며 타오르지, 하늘엔 구름 한 점 없이 맑지, 철쭉은 진적색의 화사함을 뽐내지, 철쭉과 철쭉 사이는 빨강·노랑·초록색 등 총천연색의 물감으로 그린 수채화 그 자체였다.

바로 그때였다. 길이 3cm, 폭 1cm 정도 되는 검은 물체가 철쭉 사이에서 나타났다. 무척 검은 색을 띤 놈의 정체는 이제 막 걸음마를 시작한 두더지 새끼였다. 지상의 모든 새끼는 다 예쁘다고 하지만, 녀석은 유독 귀엽고 예뻤다. 이제껏 그렇게 예쁜 검은색의 동물을 본 적이 없었다.

성체 두더지는 몸길이가 9-18cm, 꼬리 길이는 1.2-1.5cm인 것으로 알려져 있다. 우리나라를 포함한 극동지역에 분포한다. 먹이로 나비류 유충, 번데기, 거미, 지렁이, 풍뎅이, 달팽이, 지네, 개구리 등을 잡아먹는 잡식성이라고 한다. 먹을 것이 많으면 저장해 둔다. 두더지는 농작물을 헤집고 다니며 크게 피해를 주므로, 농부들은 두더지가 발견되면 즉시 제거한다. 내가 어릴 때 많이 보았던 두더지가 이젠 거의 멸종 상태라고 한다. 두더지 새끼가 너무 예뻐서 쓰다듬어 주고 싶었다. 그러나 다칠까 봐 그냥 쳐다보기만 했다.

"사람이 자기를 위하여 경배하려고 만들었던
은 우상과 금 우상을 그날에 두더지와 박쥐에 던지고"
(이사야 2:20)

줄돔

생선 이름에 '돔'이라는 글자가 들어가면, 고급 어종에 속한다. 대표적인 돔은 참돔, 강성돔, 돌돔, 뱅애돔, 옥돔 등이 있다. 정평이 난 돌돔은 세로로 난 줄무늬 때문에 줄돔이라고도 불린다. 하지만 줄무늬가 생기는 건 성체가 되기 전이고, 성체가 되면 수컷의 경우에는 줄무늬가 거의 사라진다. 암컷도 줄무늬가 연해지는 특징이 있다.

1991년 8월이었다. 평소에 친하게 지냈던 사람들이 낚시하러 내려오겠다는 것이었다. 내려온 일행들을 나는 땅끝 마을로 안내했다. '신동국여지승람'에 따르면 우리나라 최남단인 이곳 땅끝 마을을 해남현으로 잡고, 북으로는 함경북도 온성부에 이른다고 하였다. '조선 상식문답'에서는 해남 땅끝에서 한양까지 천리, 한양에서 함경북도 온성부까지를 2천 리로 잡아서 우리나라를 3천리 금수강산이라고 하였다.

일행은 땅끝 마을 전망대에 올랐다. 수평선이 끝없이 펼쳐지는 바다엔 잔잔한 파도만 일렁거렸다. 그때였다. 일행을 반겨주기라도 하듯, 돌고래 수십 마리가 무리 지어 전망대로부터 약 1km 앞을 지나가는 장관을 연출했다. 일행들은 주변 경관에 도취되었다. 이곳 사정에 밝은 최○○ 박사(전 한의원협회 회장)는 낚시하면 해남 구경을 실컷 할 수 있다면서, 당장 낚시하러 가자고 했다.

최 박사는 서울에서 낚싯배를 미리 예약하고 내려왔다. 우리는 서둘러 10인승 낚싯배에 올라서 낚시를 시작했다. 일행 다섯 명은 배에 오르자마자, 본인들이 원하는 장소에 자리를 잡았다. 나는 빈자리에 자리 잡고 낚시를 시작했다. 그러나 고기는 잘 잡히지 않았다. 구름 한 점 없는 8월의 뜨거운 햇볕과 바람 한 점 없는 바다는 펄펄 끓었다. 그래도 낚시꾼들은 날씨에 개의치 않고 낚시에 열심이었다.

내 낚시찌가 조금 흔들렸다. 그러더니 순식간에 바다에 처박혔다. 그런데 낚싯대가 바위에 걸렸는지, 힘주어 당겨도 잘 나오지 않았다. 겨우 배에 올려놓고 보니, 맛도 좋고 희귀한 돌돔이었다. 그러자 낚시하던 일행 전체가 내 주위로 몰려와서 낚시를 던졌다. 배가 한 쪽으로 갸우뚱거렸다.

나는 하는 수 없이 아무도 없는 반대편으로 옮겨가서 낚싯대를 던졌다. 반대편을 돌아보니, 일행 모두는 땀을 뻘뻘 흘리며 낚시 삼매경이었다. 바로 그때 조금 전과 같이 내 낚시찌가 물속으로 쑥 들어갔다. 이번에도 돌돔이었다. 다른 사람들은 잡히지 않았다. 결국 배를 옮겨 다른 낚시터로 향했다. 다섯 번이나 옮겼지만, 수확은 없었다. 바람이 살랑살랑 불고 파도가 약하게 일어야 하는데, 조건이 맞지 않아 수확이 없다고 한 마디씩 했다. 일행은 고기 못 잡은 결과를 날씨 탓으로 돌렸다.

"말씀을 마치시고 시몬에게 이르시되
깊은 데로 가서 그물을 내려라."(누가복음 5:4)

월척

바다가 없는 충청북도에 바다처럼 넓은 인공호수가 있다. 충주댐 건설로 만들어진 수량 27억 5천만 톤의 호수다. 충주에서는 충주호, 제천에서는 청풍호, 단양에서는 단양호라고 부른다.

충주댐이 준공된 후에 낚시꾼들 사이에선 별의별 소문이 난무했다. 물에 낚싯대만 넣어도 물고기가 낚인다, 월척 붕어는 수없이 낚인다. 사람만 한 잉어도 낚았다, 팔뚝만 한 쏘가리가 잡히는 황금 어장이다 등, 유혹의 말은 끝이 없었다.

귀가 얇은 나는 솔깃했다. 마침 다음 날이 현충일이었다. 일단 충주호에 가기로 결정했다. 누구의 조언도 없이 지도 한 장 믿고 잘 알지도 못하는 충주호로 출발했다. 도착해보니 오후 7시 경이었다. 나는 낚시 3대를 펼쳐 놓고 소변을 보러 갔다. 돌아와 보니 낚싯대가 하나도 없었다. 붕어들이 낚시찌를 물고 깊은 물로 들어가고 있었다. 재빨리 가까이에 있는 낚싯대로 다른 낚시들을 건졌다. 3마리 모두가 월척이었다. 저녁 식사도 잊은 채 밤 9시까지 시간 가는 줄도 모르고 낚시를 했다. 졸음도 오지 않았고, 눈은 낚시찌만을 응시하고 있었다.

밤 9시경 낚시터 반대편에 많은 낚시꾼들이 소문을 듣고 달려왔다. 그들은 떠들고 소란을 피웠다. 그러자 거짓말 같이 붕어들은 사라졌다. 그들이 오기 전엔 붕어들이 수시로 낚였기 때문에, 아침까지 계속 낚시 의자에 앉아 있었다. 피로가 엄습했지만 라면을 끓여 먹고 계속 낚시를 했다. 그렇지만 그들이 소란을 피우며 몰려든 간밤 9시 이후부턴 한 마리도 잡지 못했다. 시간도 있고 해서 잡은 고기를 확인해 보았다. 월척 붕어로만 24마리였다. 평생 낚시를 다녀도 월척 한 마리도 잡지 못하는 경우가 많단다. 나 역시 그랬다. 그런데 월척 24마리를 한 장소에서 단번에 잡은 것이다. 그러나 욕심은 한이 없었다. 계속 낚시를 하고 싶은 마음뿐이었다.

그러다가 새벽 4시쯤 철수하기로 했다. 부대에 출근해야 하기 때문이다. 어둠이 가시지 않은 새벽의 낚시터를 벗어나 목계 다리를 지나는데, 피로가 한꺼번에 밀려왔다. 도로 우측에 주차한 후에 잠시 쉬었다 가기로 했다. 운전석을 뒤로 젖히고 누웠다. 이틀 동안 한숨도 못 잤기 때문에, 깊은 잠에 푹 빠져 버렸다.

얼굴이 너무 따갑고 아파서 눈을 떴다. 내리쬐는 햇볕에 얼굴 전체가 화상을 입어 살갗이 쓰렸다. 승용차 안은 열기로 가득했다. 창문을 열고 시계를 보았다. 오후 4시였다. 큰일 났다. 부대까지는 2시간이 넘게 걸린다. 어차피 일과 시간에 부대에 들어가기는 불가능하다.

출발 준비를 한 다음 차에 시동을 걸고 백미러를 보았다. 백미러에 웬 흑인이 보였다. 손으로 얼굴을 만졌더니, 몹시 쓰라렸다. 백미러 속의 흑인이 바로 나였다. 나는 크게 웃었다. 백미러 속의 흑인도 하얀 이를 드러내고 웃었다. 아침부터 오후 4시까지 작렬하는 햇볕에 까맣게 타 버린 것이었다.

귀가하자 어머니는 집에 한바탕 난리가 났다고 했다. 부대에서 여러 번 연락이 오고 사람까지 다녀갔다는 것이다. 나는 할 말이 없었다. 일단 당직 사령실에 전화로 간단히 알렸다. 다음 날 출근하니, 징계 위원회 회부 이야기가 나왔다고 한다. 직속상관인 부장에게 싫은 소리를 왕창 들었다.

지금도 가끔씩 월척 붕어들이 살림망 안에서 우다닥거리는 모습이 눈에 선하다.

"그렇게 하니 고기를 잡은 것이 심히 많아
그물이 찢어지는지라"
(누가복음 5:6)

끈

요즘 젊은이들 상당수가 결혼하기를 꺼린다고 한다. 집 한 채를 마련하려면 십 년 동안 한 푼도 안 쓰고 모아야 가능하단다. 아기를 낳고 양육하고 학교 보내는 일도 무척 어렵게 됐다. 유치원부터 고등학교까지는 사교육비를 들이지 않으면 학교 과정을 따라가기가 힘들다고 한다. 외벌이로는 자녀 교육비를 감당할 수가 없다는 것이다.

젊은이들은 결혼을 실행하지 못하고 마음속으로만 생각할 뿐이다. 거의 모든 것이 경제와 연관돼 있다. 그러다 보니 자녀 결혼에 관해 물어보는 것이 큰 실례라고 한다. 여간 친한 친구 아니고서는 아예 결혼 얘기를 하지 않는 것이 예의란다.

아주 친한 친구가 있었다. 친구는 오랫동안 은행 근무를 하다가 뜻한 바가 있어 은행 생활을 접고, 중국 선교사로 떠났다. 십여 년쯤 선교사역을 했을 무렵, 시진핑이 집권을 했다. 선교사들에 대한 추방 명령이 떨어졌다. 친구도 추방당해서 귀국했다.

십여 년 만에 귀국하고 보니, 모든 것이 낯설었다. 특히 결혼 풍속도는 십 년 전과는 비교할 수가 없더라고 했다. 결혼할 나이가 된 아들은 결혼할 생각을 하지 않았다. 나와 교회 사역을 같이했기 때문에, 친구는 나에게 자식 결혼 이야기를 했다. 그리고 기도 부탁도 했다. 나는 친구 아들 결혼을 놓고 진심으로 기도했다.

시간이 흘러갔다. 부모님 보기에도 미안했던 친구 아들은 청년 임대주택에 기거했다. 혼자서 집에 기거하다 보니 외로웠다. 그래서 좋아하는 개를 구입해서 산책도 하고 외로움도 달랬다. 따뜻한 어느 토요일 오후 개를 데리고 인근 공원에 산책을 나갔다. 그때였다. 공원 저쪽 먼발치에서 간편복 차림의 예쁜 아가씨가 개를 데리고 이쪽으로 오고 있었다. 우선 개들은 서로를 확인하느라, 냄새를 맡고 수다를 떨고 있었다.

그때 살짝 여자 얼굴을 보니 청순한 미인이더란다. 갑자기 심장이 쿵쾅거렸다.

친구 아들은 한가할 때면 강아지를 데리고 공원에 갔다. 공원에 가면 어김없이 그 아가씨가 나타났다. 처음에는 서먹서먹했지만, 반려견을 키우는 공감대로 두 사람은 친숙해지게 되었다. 개를 사이에 둔 두 사람은 대화도 하고, 사랑도 하고, 결혼도 하게 되었다.

"하나님이 짝지어 주신 것을 사람이 나누지 못할지니라"
(마가복음 10:9)

거름

이곳으로 이사 온 지 일 년이 넘었다. 살고 있는 아파트 밑에 인조 잔디가 깔려 있고, 그 주변에 산책로가 여러 방향으로 나 있다. 잔디 구장 주위와 산책로 주변에는 소나무와 활엽수들이 잘 자라고 있다.

모든 식물은 거름을 주어야 잘 자란다. 그러나 이곳 도로 주변 나무에 거름 주는 것을 본 적이 없다. 그래도 나무들은 싱싱했다. 또한 주위 환경과 조화를 이루고 있었다.

이곳 잔디 구장은 사시사철 많은 사람들로 붐볐다. 영하로 내려가는 추운 계절에도 거의 밤 12까지 귀가도 하지 않고 놀이에 열중했다. 남녀 중고등학생들로 보였다. 놀이는 주로 축구공을 가지고 노는 것이었다. 일부는 잔디밭에 누워서 잡담하기도 했다.

또한 이곳에선 하루 종일 개들을 보게 된다. 잔디 구장이 잘 보이는 우리 집에서 내려다보며, 하루 평균 20여 마리의 개(반려견)를 보는 것 같다. 개는 생소한 지역에 가면, 본능적으로 자기영역을 표시하려고 한쪽 뒷다리를 나무나 건조물에 걸치고 오줌을 싸는 버릇이 있다. 물론 시간과 장소를 가리지 않는다.

나 역시 처음에는 무심코 보았으나, 자주 보게 되니 차츰 개에 대해서 알게 되었다. 나무에 거름을 주지 않는데도 나무가 잘 자라는 것은, 어쩌면 개가 수시로 뒷발을 들고 나무에 거름을 주기 때문이라는 것도.

전 세계에서 우리나라 여성들이 개를 가장 많이 키운다고 한다. 개를 데리고 산책할 때 개가 누는 변은 비닐봉지를 가지고 다니면서 치운다. 그런데 개가 뒷다리를 들고 건조물이나 나무 밑에 소변을 눌 때는 처리가 불가능하다. 당연히 잔디 구장과 아파트 단지 나무에 거름을 주니, 나무가 힘을 받아 잘 자라고 있다.

'개똥도 약에 쓸 데가 있다.'라는 속담이 있다. 이젠 여기에 하나 더 추가해야 한다. '개 소변도 거름으로 쓸 데가 있다.'

"만물이 그로 말미암아 지은 바 되었으니
지은 것이 하나도 그가 없이는 된 것이 없느니라"
(요한복음 1:3)

4장

가족 & 친구 이야기

떠난 그대
나를 고치소서(아내)
첫째
둘째
막내
누나
눈물
칭송1
칭송2

제수씨
나은자 원장
공한기
부도문학
두 친구
나무
치매
선배

떠난 그대

2025년 6월 6일. 오늘은 현충일이다. 딸, 처제와 같이 노원구민회관 앞에서 대전 현충원으로 가는 대형 버스에 탔다. 1992년 11월 9일 첫 아내가 세상을 떠난 지 벌써 32년 6개월이 흘러갔다. 아내와 사별 후 대전 국립묘지에 안장한 후 많은 세월이 흐른 것이다.

오랜만에 와 보니, 이곳 현충원도 많이 변화돼 있다. 전에 없던 건물들이 여러 채 보였다. 전국에서 많은 버스와 승용차들이 모여들었다. 서울에서만 대형 버스 120대에 유족을 싣고, 새벽 6시에 출발하여 속속 도착했다. 이날은 나와 처제 처남 식구들 8명이 함께했다. 매년 거르지 않고 참석했다는 말을 들으니, 고맙고 미안한 감정이 들었다.

아내와 사별하고 10여 년 동안은 자주 찾아왔다. 특히 대전 현충원 옆을 지날 때는 거의 들렀다. 그러던 것이 들르는 횟수가 점점 줄어 들었다. 바쁘다는 핑계지만 서서히 망각의 숲으로 빠져들었기 때문이었다. 참으로 간사한 게 인간의 마음인 듯했다.

간단하게 추모예배를 드렸다. 예배 후에 식당으로 이동했다. 큰딸이 전에 들렀다는 친절하고 맛있는 집이라 했다. 한데 막상가 보니, 불친절하고 맛도 별로였다. 식사를 마치고 우리는 대전의 유명하다는 빵집에 들르기로 했다. 일부는 돌아가고 6명이 성심당 빵집을 찾았다. 사람이 너무 많아서 입장하는 데만 1시간이 훨씬 더 걸린다고 했다. 기다리다 지쳐서 대전역 근처에 있는 성심당 빵집으로 향했다. 이곳은 본점보다는 덜 붐볐다. 각자 몇 가지씩 사 가지고 돌아왔다.

대전에서 서울로 돌아오는 KTX에 오르자마자, 큰딸은 한밤중이었다. 세미나 때문에 밤 12시가 다 되어 집에 왔다가 새벽 6시에 일어나 대충 세수하고 나온 것이었다. 한 시간 정도 소요되는 열차 안에서 나는 이 생각 저 생각에 잠겼다.

32년 전 11월 9일은 잊을 수가 없다. 아내는 출근길에 교통사고로 숨졌다. 고속버스가 들이받은 사고였다. 죽은 사람은 말이 없기에, 고속버스에 탄 사람들은 전부 산 사람의 편을 들었다.

대구에 있는 병원 영안실에서 차가운 주검으로 변한 아내를 앰뷸런스에 싣고 조치원에 있는 대전통합병원에 도착할 때까지, 나는 아내의 손을 잡고 있었다. 이상하게도 아내의 손은 살아 있는 것처럼 온기가 있었다. 차창 밖엔 진눈깨비와 싸락눈이 섞여 내리고 있었다. 길이 너무 미끄러워서 속도를 줄였다. 온기라곤 없는 군용 앰뷸런스를 3시간가량 운행하여 밤 12시경에 대전통합병원에 도착했다.

평소 잘 알고 지내던 병원 행정부장이 영안실을 깨끗이 치우고 보온에도 신경을 써 주었다. 새벽 1시 이후에는 적막한 영안실에 나 혼자 있었다. 찬송가는 계속 적막한 공간을 채웠다. "하늘 가는 밝은 길이 내 앞에 있으니 슬픈 일을 많이 보고 늘 고생하여도…." 내게 무슨 일이 닥친 것인지 아득하기만 할 뿐, 나는 내 정신이 아니었다.

영결식까지 3일 내내 멍한 상태로 지나갔다. 대전 현충원 영결식엔 수백 명이 참석했다. 영결식에 찾아온 많은 사람들이 나에게 위로의 말을 건넸지만, 나는 건성으로 대꾸했다. 영결식을 마치고 집에 와서 꼬박 이틀을 잤다. 잠을 잔 건지 기절한 것인지 가늠이 되질 않았다. 달력을 보고서야 이틀이 지난 걸 알았다. 배고픔이 느껴졌지만, 음식을 입에 대고 싶지가 않았다.

어린애들을 보아서라도 기운을 차려야 했다. 중학교 3학년, 초등학교 5학년인 두 딸을 생각하면, 가슴이 아리고 막막할 뿐이었다. 지금까지 지켜 주신 하나님만 믿으며 모든 것을 하나님께 맡기는 수밖에 없었다.

"지금까지 지내온 것 주의 크신 은혜라
한이 없는 주의 사랑 어찌 이루 말하랴"
(새찬송가 301장)

나를 고치소서 (아내)

나의 지인들은 아내를 '걸어 다니는 종합병원'이라고 한다. 평소 하도 많은 질병을 달고 다녔기 때문이다. 나이가 들면서 여러 가지 질병이 발견되었다.

2006년 부천에 있는 L내과에서 고지혈증 소견이 나왔다. 지금까지 고지혈증 약을 복용하고 있다. 2009년 2월에는 척추전방전위증으로 척추에 철심 2개를 박는 수술을 했다. 2015년 3월에 도로 옆 인도를 걷다가, 인도에 튀어나온 벽을 보지 못해서 세게 넘어졌다. 체중에 가속도가 붙어 넘어질 때 우측 손 무명지와 새끼 손가락을 크게 다쳤다. 별의별 치료를 다했으나 낫지 않았다.

2017년 4월엔 아산병원에서 폐암 수술을 받았다. 폐암 수술 후 심한 기침을 자주 했다. 아내는 울면서 하나님께 기도했다. 기도 후에 잠을 자고 있는데, '네 병이 다 나았다' 하는 음성이 들렸다. 자다가 벌떡 일어나서 '무슨 말씀이신지요?' 질문하니, '네 병 다 나았다'고 하시더란다. 하나님의 크신 은혜로 기침은 완치되었다. 같은 해 6월부턴 가슴 통증(머리에서 가슴까지 근육이 죽어 가는 느낌의 통증)이 시작되었다. 천천히 평지를 걸으면 어느 정도 걷는

데, 조금 경사진 곳을 걷거나 횡단보도를 건널 땐 무척 무서워했다. 또한 예배드릴 때, 성경을 읽고 찬송할 때, 전화 통화를 할 때 가슴이 터질 것 같다고 했다. 또한 뒷목에서부터 등 꼬리뼈 끝까지 심한 통증으로 누워서 잠을 자지 못했다.

2018년 인천 모 병원에서 갑상선 기능 저하증 진단을 받았다. 담당 의사는 약을 끊으면 안 된다고 못을 박았다. 몇 달 뒤인 11월, 처가의 동생 가족이 미국에서 와서 우리 부부와 함께 1박 2일 여행을 떠났다. 귀가하는데 아내가 심하게 아파서 병원에 갔다. 일산의 모 병원에서 담낭 제거 수술을 받았다. 수면제를 먹지 않으면 도통 잠을 이루지 못했다. 잠을 자다가 화장실에 가기 위해 깨기라도 하는 날엔 수면제를 추가로 먹지 않고서는 잠들지 못했다. 어떤 때는 수면제를 두 번 먹어도 잠을 잘 못 자거나, 다음 날 머리가 쪼개지도록 아프다며 두통을 호소했다.

2024년 1월, 잠자다가 다시 한 번 하나님의 음성을 들었다. '네 병 다 나았다.' 그 순간 아내는 벌떡 일어났다. '다시 한 번 더 말씀해 주세요.' 아내가 강청하자, 하나님께선 '성령님이 너를 위해 기도하신다'라고 응답해 주시더란다. 그런데 아내는 그토록 확실한 주님의 음성을 듣고도, 그리고 수면제의 부작용을 잘 알고 있음에도, 쉽사리 수면제를 끊지 못했다. 2024년 6월, 보훈병원 정신과에서 우울증과 공황장애 진단을 받았다. 정신과 진료를 시작한 두 달째까지는 상태가 좋아졌다. 그런데 이후부턴 상태가 악화됐다.

2024년 9월 19일, 기독교 채널에서 방영하는 '새롭게 하소서' 프로를 보게 되었다. 어느 야구 선수의 간증이었다. 중환자실에 누워 있는 그 선수에게 하나님께서 '야 인마! 다 고쳐 주었는데, 왜 누워 있어?'라고 하시는 음성을 들었다 한다. 그 선수는 하나님은 사랑의 하나님이신데, '야 인마!'라고 하실 리 없다고 생각했다. 그런데 아침에 몸을 움직여 보니, 다 나아 있더란다.

이 간증을 듣고 아내는 그날 밤 울면서 회개했다.

"하나님 잘못했습니다. 하나님께서 낫게 해 주셨는데, 제가 믿지 못했습니다. 용서해 주십시오. 제가 모든 약을 끊겠습니다."

아내는 하나님께 약속한 대로 우울증, 공황장애, 갑상선 기능 저하증, 협심증, 고지혈증, 고혈압, 불면증 등의 모든 약을 과감히 끊었다.

그날 밤 꿈속에서 아내의 천사가 아내를 괴롭히는 사단과 싸우는데, 천사가 쏜 총에 사단이 맞아서 많은 피를 흘리더란다. 그때 아내는 '예수 이겼네, 예수 이겼네. 예수 사단을 이겼네…' 찬송을 부르며 일어났다. 1시간쯤 기도하고 잠자리에 들었다. 아침에 일어나 보니까, 다리 힘이 옛날과 같이 돌아왔다. 이후 피곤함이 사라졌고, 가슴 통증도 씻은 듯이 없어졌다.

먼저 불면증 약인 수면제를 끊으니, 잠은 안 오는데 다음 날 수면제를 먹은 것보다 더 머리가 맑아진 걸 느꼈다고 했다. 이후 보훈병원 갑상선과에 들렀더니, 갑상선 약은 끊으면 마취할 때 깨어나지 못할 수도 있다며 절대로 끊으면 안 된다고 주의를 받았다. 담당 의사의 말대로 지금은 갑상선 약만 먹고 있다.

치료의 하나님께서 여기저기 아픈 곳을 깨끗이 치료해 주셨다. 전에는 1kg 이상 무거운 것을 들지도 못했는데, 지금은 어지간히 무거운 것도 혼자서 다 처리한다. 지금도 점진적으로 만져 주시는 하나님의 사랑을 매일 느끼며 살아가고 있다.

"여호와께서 그를 병상에서 붙으시고
그가 누워 있을 때마다
그의 병을 고쳐 주시나이다"

(시편 41:3)

첫째

중학교 3학년인 큰딸 다정이는 2학기 말이 끝나갈 즈음인 토요일, 제 엄마의 에스코트를 받으며 서울에 있는 외국어 고등학교에 시험을 치르고 대전 집에 돌아왔다. 그리고 아내는 월요일 새벽에 승용차를 몰고 근무지인 진해로 내려가다가 구마고속도로 달성지점에서 고속버스에 받혀 사망했다. 다정이는 엄마의 사고 소식에 큰 충격을 받았다. 자기의 고등학교 입학시험에 동행하기 위해 승용차로 진해에서 대전 집에 올라왔다가 내려가는 길에 입은 사고라 더욱 충격이 컸을 것이다.

어려움이 많았지만 하나님의 은혜로 큰딸은 외국어고등학교, 연세대학교 영문학과를 나와 명문으로 알려진 네덜란드 라이덴 대학에 교환학생으로 다녀왔다. 그리고 고려대학교 홍보대학원과 국민대학교 리더십코칭 MBA를 졸업했다.

바쁜 일과 속에서도 토요일에는 어김없이 장애자 목욕 봉사를 나갔다. 그곳에서 같이 봉사했던 멤버 중의 한 사람인 사위를 만났다. 서울대를 나온 사위는 훤칠한 체격(신장 180cm)에 성실하고 마음씨까지 고운 사람이다. 하나님께서 두 사람의 장애자 봉사를 어여삐 보시고 짝지어 주셨다고 믿는다. 그리고 좋은 집도 여럿 주시고, 여러 가지 어려움 속에서도 사위는 부부간의 신의와 가족 간의 화목을 이끌었다. 유명 학원 강사인 사위는 특별한 어려움 없이 인생을 잘 꾸려나가고 있다.

큰애의 삶을 돌이켜 보면, 모든 것이 하나님의 은혜 아니고서는 설명할 수 없다. 다정이가 직장 생활을 계속 해 올 수 있었던 것도, 손자 손녀가 맑고 밝고 예쁘게 자라준 것도 다정이가 잘해서가 아니라, 오직 하나님의 손길 덕분이었다. 일 욕심이 많았던 다정이는 자식들을 세심하게 돌볼 여유가 없었다. 대신 다정이 시어머니가 그 자리를 채워주셨다. 손자들이 건강하고 밝게 자란 건 시어머니의 사랑 덕분이다.

어느덧 나이 쉰에 접어든 큰애는 요즘 여러 가지 생각을 하게 된다고 말했다.

"제가 물려받은 유산에는 무엇이 있을까를 생각해 봤어요. 소중하게 생각되는 여러 가지가 있지만, 가장 큰 유산은 단연 신앙이었어요."

할머니의 기도, 부모님의 간절한 기도, 가족들의 기도가 모여 자신의 삶이 형성되었다고 고백했다. 다정이 인생은 그 자체가 하나님의 크신 은혜다.

다정이는 2002년에 사회생활을 시작했다. 로레알, 루이비통,

화이자 등등 굴지의 다국적 기업을 두루 거쳤다. 사람들은 다정이의 삶에 대해 굴곡이 '많다, 적다'로 표현하지만, 내가 볼 때 다정이의 삶은 분명히 굴곡이 많았다. 고등학교 입학을 앞두고 제 엄마가 하늘나라로 갔다. 5-6년 주기로 회사를 옮겨야 했는가 하면, 보이스 피싱을 크게 당해 마음의 고통을 겪기도 했다.

하지만 인생의 굴곡이 나쁜 것만은 아니다. 떨어질 때가 있으면 반드시 올라갈 때가 있다. 그리고 아래로 내려갈 때 하나님의 메시지에 귀를 기울인다. 그리고 주님은 딸에게 필요한 회복과 치유를 주셨다. 다정이는 시련이 닥칠 때마다 '왜?'라고 질문을 던졌다. 하지만 시간이 지난 뒤에 돌아보면, 그 질문의 자리에 틀림없이 하나님의 은혜가 있었다.

루이비통에 다니던 시절, 함께 근무하던 동료가 다정이를 괴롭혔다. 그날 근무가 끝나고 청담동의 한 골목 주차된 차 뒤에 숨어 울고 있었다. 다정이는 너무 괴로웠다. 특별한 잘못도 없는데, 사사건건 트집을 잡았기 때문이다. 왜 이런 일이 생기는 것인지, 도무지 알 수가 없었다.

어느 날이었다. 전에 다정이와 같이 근무했던 친구가 점심을 하자며 연락이 왔다. 제약회사에서 열정적으로 일하던 친구였다. 그녀는 회사에서 인정받고 더 큰 기회를 앞두고 있었다. 그런데 어느 날 문득 자신의 상사와 대표를 보며, '내가 원하는 삶이 저런 삶일까?'라는 생각이 들었다고 했다. 일밖에 없는 삶, 끝없는 경쟁과 반복되는 회의 속에서, 사라지는 자신을 느끼며 그녀는 과감히 회사를 그만두었단다.

그녀는 신앙이 깊은 후배가 있는 호주로 한 달 동안 여행을 떠났다. 신앙이 없던 그녀는 그곳에서 매일 밤 후배와 함께 기도를 하게 되었다고 한다. "하나님! 사랑하는 우리 ○○언니 모래 위에 집 짓지 않게 해 주세요. 하나님의 반석 위에 단단한 집을 짓게 해 주세요." 그녀는 한 달 동안 매일 그렇게 기도를 받고 돌아왔다. 다정이는 그 이야기를 들으며 눈물이 쏟아졌다. 그 친구는 분명히 자신의 이야기를 하고 있는데, 다정이는 하나님이 다정이에게 보내는 메시지라고 느꼈기 때문이었다.

이 일로 다정이는 보이지 않는 하나님의 크신 은혜를 느꼈다. 그래 맞다! 회사에서 겪는 이 괴로움, 주님의 일이 아닌데, 이 모든 것은 언젠가 사라질 모래 위의 집인데, 나는 왜 그토록 마음 아파하고 괴로워했을까? 그날 주님은 다정이의 친구를 통해 하나님의 음성을 들은 것이다. "다정아, 너 지금 어디에 집을 짓고 있니?"

이후부터 다정이는 삶의 시련이 찾아올 때면, 주님을 다시 생각하게 되었다. 삶의 태도가 바뀐 것이다. 실력, 자위, 재산, 매달리던 모든 것들은 결국 흩날려 사라질 것들이다. 그런 것들에 마음을 빼앗기고 우선순위가 바뀔 때마다, 주님은 조용히 다정이에게 말씀하셨다. "다정아, 너에게 가장 중요한 게 무엇이니?" 이런 일을 통해 큰애는 중요한 깨달음을 얻었다고 했다. 고난은 고난이 아니다. 하나님께서 돌이키라고 보내 주시는 '신호'라는 것을.

 그동안 다정이는 큰딸로서 부모에게 최선을 다했다. 부모에게 용돈을 보내는 것은 물론이고, 우리 집에 가전제품의 수명이 다했다고 말만 꺼내면, 그 즉시 조치했다. 냉장고, 세탁기, 인덕션 등등. 유난히 무더운 올해 여름엔 작년에 설치해 준 무풍 에어컨 덕을 톡톡히 보았다. 다정이에게 하나님의 사랑과 은혜가 계속 임하기를 기도드린다.

> "주께서 너희 마음을 인도하여 하나님의 사랑과
> 그리스도의 인내에 들어가게 하시기를 원하노라"
> (데살로니가 후서 3:5)

둘째

온순하고 지혜로운 둘째 딸 다영이는 제 엄마를 가장 많이 닮았다. 제 엄마를 잃었을 때가 초등학교 5학년이었다. 다영이는 대전에서 서울로 이사해서 중학교, 고등학교, 대학교를 졸업하고 삼성 SDS에 입사했다.

모범 사원으로 뽑힐 만큼 일도 잘했으나 과중한 업무로 인해 견디지 못하고 퇴사했다. 하지만 사내에서 만난 동료를 배우자로 맞이하여 단란한 가정을 꾸렸으니, 우리 딸을 향한 하나님의 지극한 사랑에 감사할 뿐이다.

둘째는 한 번도 부모의 말을 거역한 적이 없다. 온순한 성격으로 항상 부모에게 순종했다. 그런데 세월이 흐르고 보니, 그것이 장점도 되고 단점도 되었다. 불평불만이 쌓여도 내색하지 않고 견디다 보니, 둘째에겐 스트레스가 누적되었던 것이다. 둘째는 첫애를 낳고 시어머니와 1년 동안 네 식구가 동거했다. 시어머니는 다영이 가족을 위해서 최선을 다했다. 스케일이 큰 시어머니는 온 식구를 다 수용하셨다. 세월이 더할수록 다영이는 그런 시어머니를 좋아하고 신뢰했다.

어느 날 다영이에게 갑상선암이 찾아왔다. 죽을 때까지 약을 먹어야만 한다. 그리고 갑상선암의 후유증으로 우울증이 발생했다. 다영이는 매사가 힘들고 귀찮아졌다. 그런 와중에 사위가 상사의 괴롭힘으로 퇴사하게 되었다. 사위는 서울 명문 고등학교에서 줄곧 1, 2등을 했고, 유명 공과대학교에서 기계학과 전기학을 전공한 유능한 기술자였다. 성품이 온순하고 가정적이며, 좋은 남편이자 좋은 아빠다. 사위가 출퇴근할 때는 몰랐는데, 아무 말 없이 집에 몇 달 있으니 그것도 힘들더란다.

큰 손녀가 고등학교 입학시험을 치르게 되었다. 예능에 소질이 있었고, 특히 무용을 좋아했다. 그러나 공부하는 것은 싫다고 했다. 그래서 관련 학교를 확인해 보니 미디어 고등학교가 있었다. 한데 실력이 모자란다는 것이었다. 막내 손녀는 중학교에 입학해서 열심히 공부하고 있다. 애들이 중학교 고등학교에 입학하고 보니, 금전적 수요가 늘었다.

고촌에 새 아파트를 장만했다, 39평으로 네 식구가 사는 데는 충분했다. 그런데 풍광이 좋은 곳에 새 아파트가 들어서고 있었다. 우연한 기회에 그곳에 가 보니, 풍광이 너무 좋아 그곳에서 살고 싶어졌다. 현재 사는 곳보다 평수는 4평 적었지만, 그곳에 꼭 살고 싶은 마음이 더 컸다. 부부는 의기투합하여 그 아파트를 구입했다. 문제가 하나 더 늘었다. 기존 아파트를 팔아야만 새 아파트로 이사할 수 있기 때문이었다.

둘째는 어릴 때부터 신앙심이 좋았다. 그래서 그 애가 기도하는 것은 하나님이 다 들으시고 이루어 주셨다. 둘째 딸을 사랑하시는 우리 하나님께선 그 애 가정의 어려움을 더 좋은 길로 이끌어 주시고 형통케 하셨다.

먼저 사위 직장을 이전의 직장보다 여건과 보수가 더 좋은 곳으로 옮겨 주셨다. 그리고 첫째 손녀가 소원했던 미디어 고등학교에 합격시켜 주셨다. 또한 살고 있던 집도 팔아주셔서, 원하는 좋은 집으로 이사하게 해 주셨다.

덤으로 둘째의 건강도 점점 좋아지게 해 주셨다. 뿐만 아니라, 취업하기 어렵다는 요즘에 좋은 직장까지 허락해 주셨다. 오로지 하나님의 충만한 은혜로 집안에 웃음까지 따라오게 하셨다. 또한 둘째 다영이는 말없이 매달 부모의 생활비 일부를 감당하고 있다. 그것은 자라나는 아이들에게 삶의 모본을 보이는 가장 좋은 방법이라 여긴다.

"마음의 즐거움은 얼굴을 빛나게 하여도
마음의 근심은 심령을 상하게 하느니라"
(잠언 15:13)

막내

막내딸 다은이는 내게 아픈 새끼손가락이다. 칠삭둥이로 어렵사리 이 세상에 나왔다. 그리고 네 살에 엄마를 잃었다. 나와 둘이서 양수리에서 살다가 내가 재취업을 하는 바람에 서울 누나 집에서 4개월 동안 살다가 내가 재혼하면서 함께 살게 되었다. 이 기간은 보통 어려운 삶이 아니었다.

막내는 사람들을 무서워하고 낯가림이 심했다. 태권도를 시켜 다른 사람과 쉽게 어울릴 수 있도록 나름대로 계획했다. 그러나 태권도에 잘 적응하지 못했다. 한번은 2층에 있는 태권도 도장에서 뛰어내리려고 하여, 새엄마 간장을 서늘하게 하였다. 나는 직장이 집에서 먼 곳에 위치해서 월요일 새벽에 출근하여 토요일 오후에 귀가했다. 월요일에서 금요일까지 아내는 맘 졸이며 살얼음판을 걷고 있었다.

초등학교에 다닐 때도 영어학원 피아노 학원 등 제대로 과정을 이수한 적이 없었다. 매번 중도에 그만두었다. 하나님의 은혜로 중학교 3학년 때 꽃동산교회에서 운영하는 대안학교인 쉐마 기독학교에 편입했다. 그리고 쉐마 고등학교를 거쳐 서울여자대학교 문헌정보학과를 졸업했다.

    초등학교 때 미술대회에 나가 장려상도 받았고, 글쓰기 대회에서도 입상했다. 초등학교 2학년 때 교통사고로 다리 골절상을 입었다. 그로 인해 많은 세월 고통과 금전적 피해가 컸다. 대학 2년을 마치고 2년 동안 휴학하면서, 세상을 아는 기회가 되었다. 졸업 후에 여러 곳에 취업 활동을 했으나, 한 가지 이력으로 연결되지 못했다. 그것은 다은이의 잘못만은 아니었다. 코로나 19가 창궐하여 취업의 문이 더 좁아졌다.

    겨우 마케팅회사 수습사원으로 취업했다. 그런데 때마침 중국계 알리 태무 등과 같은 온라인 업체가 갑자기 쏟아져 들어오는 바람에, 국내 마케팅 회사는 휘청거렸다. 수습기간 3개월이 끝나면 자동으로 정식 사원이 된다던 취업은 무산되었다.

    그러던 어느 날 지하철 계단에서 첫발을 잘못 내딛어 왼쪽 발목 인대가 나갔다. 그로 인해 4개월간 입원 치료를 받았다. 이 기간의 입원 생활은 다은이에게 많은 것을 배우는 기회가 됐다. 인간관계, 상생, 양보, 상부상조 등 어디에서도 배울 수 없는 소중한 자산을 획득했다.

    병원에서 퇴원 후 직장을 찾았으나, 영구직은 고사하고 1년 계약직 자리도 없었다. 일곱 곳에 취업원서를 제출했으나, 취업은 이루어지지 않고 실망감만 컸다. 그래도 꾸준히 취업원서를 제출했다. 2024년이 기울어가는 연말, 다은이는 구립도서관 사서직에 취업했다. 하나님의 크고 크신 은혜에 감사드린다.

다은이는 직장이 안정되자, 부모에게 더욱더 효도하고 직장에 충실한 사회인으로 성장하고 있다.

"자녀들아 주 안에서 너희 부모에게 순종하라

이것이 옳으니라"

(에베소서 6:12)

누나

 우리 집안사람들은 단명한 편이었다. 아버지에 이어 작은아버지도 40세 이전에 돌아가셨다, 할아버지와 형들은 60대 초반에 작고하였다. 그중에 할아버지가 제일 오래 사신 것 같다. 할아버지는 같은 동네이긴 하지만, 상당히 떨어진 다른 집에서 사셨다. 그래서 집안 어른들에 관한 추억이 내게는 별로 없다.
 장남인 아버지는 일찍 분가하셨다. 동네 한복판에 자리한 우리 집은 텃밭과 텃논이 있었고, 집도 상당히 컸다. 마루도 부엌에서부터 큰방, 작은방, 헛간으로 이어지는 기다란 마루였다. 마루 끝에는 돌팔이 치과의사였던 아버지의 치과 장비가 놓여 있었다.
 치과 장비가 있는 좌측 1.5m 정도 높이의 벽에 암탉이 알을 품고 있었다. 내가 알을 품고 있는 둥우리 가까이에 접근하면, 암탉은 '꼬꼬댁 꼬꼬'라고 경고음을 보냈다. 우리 집에서 제일 양지바르고 사람들 발걸음도 적어 호젓한 느낌마저 있던 그 장소를 나는 좋아했다.
 나와 나이 차이가 많은 큰 누나는 나를 업고 그 마루 끝을 자주 오갔다. 나이 들어서 집 생각을 할 때면, 나는 으레 큰누나와 알을 품고 있는 암탉이 떠오르면서 내게 편안하고 아늑한 마음을 갖게 해 준다. 누나는 방안에만 있던 내게 바깥 풍경을 보게 해 준 통로이자, 세상에 대한 호기심을 키워준 길목이 되어 주었다.

누나의 반복적인 그러한 행동은 나이가 들어가면서도 내게 친밀감으로 남아 있다. 이것을 심리학에서는 '단순 접촉의 원리'라고 했다. 접촉의 횟수를 반복적으로 늘리면, 뇌리에 새겨지고 거부감이 적어지며 친밀감이 늘어난다는 이론이다.

두 달 전, 누나의 큰딸인 조카가 죽었다. 정말 착하고 마음씨가 고운, 유일하게 연락을 주고받아 왔던 조카다. 그런데 암 진단을 받게 됐다. 회복하려고 무척 힘썼으나, 하나님은 끝내 조카를 데려가셨다. 육십 중반이니까 옛날 같으면 그리 섭섭한 나이라고 할 순 없다. 하지만 100세 시대가 열린 지금으로선 너무 아까운 나이라는 생각을 떨쳐버릴 수 없다. 하나님께선 착하고 마음씨 고운 사람을 먼저 데려가신다는 말이 있으나, 별반 위로가 되진 않는다.

큰 조카의 장례식장에서 누나의 둘째 딸을 만났다. 이런저런 이야기 중에 둘째 조카의 머리에 뇌종양이 생겼다는 소식을 들었다. 장례식이 끝난 후에 투병 중인 둘째 조카가 계속 마음에 걸렸다. 뇌종양을 치료해 주시라는 기도는 계속하지만, 조카를 한번 만나봐야 할 것 같았다.

어느 날 전화해서 화곡 전철역 부근에서 만났다. 갈비탕으로 점심을 들면서 그동안 쌓인 이야기를 자세하게 나눴다. 조카를 위해서 산 건강보조식품과 엷은 봉투 하나를 내밀었다. 조카는 고맙다고 말하며 환하게 웃는데, 눈엔 가득 눈물이 고여 있다. 외삼촌을 만나면서 자신의 처지와 지금은 아니 계시는 제 어머니(나의 큰누나)에 대한 그리움 등이 복합적인 감정을 불러왔을 것이라 이해되었다. 조카를 만나고 오니, 마음의 빚을 갚은 것처럼 내 마음이 조금은 가벼워졌다.

"피차 사랑의 빚 외에는 아무에게든지
아무 빚도 지지 말라 남을 사랑하는 자는
율법을 다 이루었느니라"

(로마서 13:8)

눈물

갓 스물의 신부는 눈부시게 아름다웠다. 신부를 맞이하는 신랑은 세 살 연상으로 몸에 군살 하나 없고 흠잡을 데 없는 청년이었다. 꿀보다 단 신혼생활이 시작되었다. 비록 단칸방의 셋방살이지만 무척 행복했다. 생선 한 마리를 구워도 한 가운데는 신랑 몫이었다. 자그마한 방이지만 온기가 있는 아랫목은 오로지 신랑의 자리였다. 신부의 마음 가운데는 하나님 다음으로 신랑이 자리해 있었다. 부모 형제가 들어올 자리는 없었다.

꿈같은 신혼생활이 흘러갔다. 첫딸에 이어 두 아들이 태어났다. 신부는 아이 셋을 낳고 나니, 제법 엄마 티가 났다. 남편의 벌이가 시원치 않자, 신부는 궁리를 했다. 일찍 도매시장에 가서 물건을 사다가 사람들이 많이 오가는 시장 입구에서 밤늦도록 팔았다. 제법 장사가 잘 되었다.

어느 해 여름 오후였다. 그날은 일찍 물건이 팔려서 귀가 시간이 앞당겨졌다. 모처럼 남편과 어린애들을 데리고 외식하기 위해서 음식점으로 향했다. 그때 맞은편에서 예쁘장한 여자가 걸어오고 있었다. 남편은 식구들이 옆에 있는 것도 아랑곳하지 않고, 처음 보는 그 여자를 눈이 빠져라 쳐다보고 또 쳐다보는 것이었다. 그 일이 있고 난 후에도 여러 번 같은 모습이 연출되었다. 신부는 그런 남편이 밉기도 하고, 여자로서 자존심이 몹시 상했다. 결혼 후 오직 남편만 보고 살았는데, 남편은 예쁜 여자들이 나타날 때마다 그들에게 관심을 쏟고 있었다.

평소에 남편은 친구를 만나도 밤 9시를 넘기는 일이 없었다. 그런데 남편의 귀가 시간이 점점 늦어졌다. 그리고 아예 귀가하지 않는 날이 늘어났다. 처음엔 일주일에 하루씩 외박하더니, 점차 두세 번으로 늘어났다. 어떤 때는 일주일 열흘도 귀가하지 않았다. 그녀의 속은 타들어 갔다.

그런 어느 날 남편은 자기 실수로 큰 사고를 냈다면서 가지고 있는 돈을 전부 내놓으라고 했다. 혹여 남편이 감옥에 들어가면 어쩌나 싶어, 그동안 아이들을 위해 알뜰살뜰 모아둔 돈을 모조리 남편에게 주었다. 돈을 가지고 떠난 남편은 감감무소식이었다. 3개월 동안 남편은 연락도 없고 아예 나타나지도 않았다. 남편이 가출하고 빈털터리가 된 뒤의 생활은 더욱 막막했다. 그동안은 남편과 둘이 벌어서 빠듯한 생활이나마 해올 수 있었다. 그런데 가장 없이 그녀 혼자서 4인 가족의 생계를 책임져야 할 상황이다.

아침 일찍 애들에게 밥을 챙겨 주고 시장에 가서 종일 장사를 했다. 저녁에야 고단한 몸을 이끌고 집에 돌아와 아이들을 건사한 다음 그녀는 교회로 발걸음을 옮겼다. 밤새도록 울고불고 하나님께 하소연하다가 새벽 여섯 시에 집으로 돌아왔다. 아침밥을 지어 아이들을 학교에 보내고, 점심과 저녁 준비를 해 놓은 뒤 시장으로 출근했다.

그러던 어느 날 남편이 돌아왔다. 그저 반가운 마음에 여인은 남편을 위해 정성을 다했다. 어느 날 장사를 마치고 귀가해 보니, 남편은 필요한 것들을 모두 챙겨 가지고 집을 나갔다. 부모 형제들에게도 창피해서 이 모든 사실을 감추고 살았다. 그 후로도 남편은 돈이 떨어지면 귀가해서 체면상 일주일 정도 머무르다 집을 나가곤 했다. 그런 세월이 어느덧 50년 흘러갔고, 곤궁한 삶 또한 계속되었다.

하나님의 은혜로 자식들은 어려운 환경에서도 잘 자라 주었다. 공부도 잘하고, 결혼도 잘해서 성공한 삶을 영위하고 있다. 히니 같이 효녀 효자로 어머니를 잘 모시고 있다. 하루하루를 하나님께 매달리다 보니, 하나님께서 자식들을 잘 키워 주신 것이다. 누나가 그동안 흘린 눈물은 큰 독에 차고도 넘친다.

"내가 탄식함으로 피곤하여 밤마다 눈물로
내 침상을 띄우며 내 요를 적시나이다"

(시편 6:6)

"눈물을 흘리며 씨를 뿌리는 자는

기쁨으로 거두리로다"

(시편 126:5)

칭송1

바로 아래 동서는 술을 즐겨 마셨다. 그리고 중독이 되었다. 동서는 술만 마시면 행패를 부렸다. 우리 집과 동서네 집은 100미터 정도 떨어져 있었다. 동서는 술에 만취하게 되면, 밤 12시가 넘어도 우리 집 문을 두드렸다. 나 역시 과거에 술을 마신 경험이 있기에, 어지간한 소란은 다 받아주었다. 처제도 딸과 함께 남편의 횡포를 피해 우리 집에 여러 번 피신 온 적이 있었다. 어떤 때는 문을 잠그고 불도 끄고 아무도 없는 척도 했다. 그는 문을 두드리다 돌아갔다. 아침에 문을 열어 보니, 짜장면을 잔뜩 시켜서 먹지도 않고 출입문 앞에 부어 놓아서 출입을 방해했다.

어느 겨울이었다. 날씨가 추워 집 주위를 비닐로 빙 둘려서 방풍을 했다. 동서는 술에 취해 문을 두드렸다. 그러나 그날은 피로해서 쉬고 있던 중이라, 나는 문을 열어 주지 않았다. 그러자 그는 한참 문을 두드리다 말고 조용해졌다. 그는 갑자기 뾰족한 나뭇가지로 집 주위에 쳐 놓은 비닐에 구멍을 뚫기 시작했다. 주위를 차단하기 위한 방풍 비닐 전체가 벌집처럼 구멍이 나 있었다.

화가 머리끝까지 난 나는 119로 신고했다. 경찰 두 명이 출동했다. 그러나 동서는 경찰들을 무시했다. 경찰들도 동서의 평소 행동을 익히 알기에, 금방 알아보고 아무 조치도 취하지 않고 돌아가 버렸다.

2019년 초겨울이었다. 코로나 19가 전국에 퍼졌다. 코로나 19는 3-10일 간의 잠복기를 거친 후에 38도 이상의 발열, 오한, 근육통을 동반한 기침, 인후통 등 감기와 유사한 호흡기 증상이 나타난다. 이후에 폐렴이 발생하면 호흡부전으로 진행되어 사망에 이르는 경우도 있다. 동서는 합기도로 단련된 몸으로 평소에 건강을 과시했다. 옛날 싸웠던 것을 무용담처럼 자랑했다.

코로나 19가 한참 창궐했다. 고춧대를 삶아서 물을 마시면, 코로나 19도 예방되고 치료도 된다는 말이 떠돌았다. 우리 부부는 동서 부부와 같이 고춧대를 버린 곳이 있다는 부천 근교로 갔다. 그곳에서 고춧대를 주워 와서 삶아 그 물을 마셨다. 그 일에 함께한 것이 동서와의 마지막이었다. 동서는 코로나 19에 걸려 일산에 있는 수용소에 수용되었다. 그리고 20일 만에 급성 폐렴으로 사망했다. 장례식은 성대하게 치러졌다.

동서의 죽음으로 처제 가정에 평화가 찾아왔다. 처제에게 동서가 남기고 간 집이 있었다. 또한 동서의 차량을 팔아 1억 원 정도의 현금도 생겼다. 처제가 마음대로 돌아다녀도 간섭하는 사람이 없었다. 처제는 동서가 기거하던 방의 모든 물건을 치웠다. 깨끗이 치운 방을 보며 처음에는 시원하다고 느꼈다. 그러나 점차 시간이 지날수록 그 방에 쓸쓸함과 고독감이 스며들었다.

동서는 택시 운전을 했다. 원래 택시 영업은 이틀 운전하고 하루를 쉬게 되어 있다. 그러나 동서는 반대로 이틀 술을 마시고 하루 운전을 했다. 쉬는 날엔 처제를 데리고 전국 방방곡곡을 돌아다니며 맛있는 음식과 술을 즐겼다.

처제는 남편 생전에 자주 다투긴 했지만, 맛있는 음식을 먹으면서 여행했던 지난날이 새록새록 생각나기 시작했다. 처제의 남편인 동서는 아내에게 집과 돈과 평화를 물려주고, 다툼과 술을 가지고 저세상으로 갔다. 그리고 가족의 칭송을 받게 되었다.

"술을 좋아해서 그렇지, 쓸 만한 사람이었어!"

"돈을 사랑하지 말고 있는 바를 족한 줄로 알라
그가 친히 말씀하시기를 내가 결코 너희를 버리지 아니하고
너희를 떠나지 아니하리라 하셨느니라"
(히브리서 13:5)

칭송2

이발사가 직업인 매형은 점잖다. 말이 없고 사려 깊은 사람이었다. 하루 종일 서서 손님들의 머리 손질을 하다 보니 자주 힘들어했다. 하루 12시간씩 서서 일하는 것은 중노동이었다. 오후 6시가 되면 하루 일과가 끝난다.

그때부터 매형이 가장 기다리는 중요한 일과가 남아 있었다. 매형의 이발소에 4명의 고정 멤버가 고스톱 판을 벌이기 위해 모여들었다. 준비한 돼지고기 볶음을 안주로 술을 마시면서, 거의 자정까지 도박판이 벌어졌다. 그리고 술에 잔뜩 취한 채 낡은 자전거를 타거나 걸어서 귀가했다.

그러면 이때부터 전 가족은 비상경계 태세에 들어간다. 매형은 우선 큰아들과 작은아들을 불러 자기 앞에 무릎을 꿇게 한다. 그러면 착한 두 아들은 말 같지도 않은 매형의 훈시를 새벽 4시까지 들어주어야만 했다. 큰아들은 새벽까지 자리를 지키는 반면, 작은아들은 아버지의 이러한 행동에 분개했다. 그 애는 태권도 3단의 단련된 몸으로 아버지의 훈시를 어느 정도 듣다가 벌떡 일어나서 자기 방으로 가 버린다. 혈기 팔팔한 아들의 완력을 아버지는 당해낼 수 없었다. 큰아들은 무릎을 꿇고 4시간 이상을 견딘 후, 아버지가 방으로 들어간 후에야 잠을 잘 수 있었다.

그 바쁜 와중에도 매형은 바람을 피웠다. 그 당시 이발소에선 면도를 여자 면도사가 했다. 손님들도 전부 그렇게만 알고 있었다. 누가 먼저 꼬리를 쳤는지는 알 수 없으나, 매형과 면도사와의 정분이 누나 귀에 들어갔다.

누나는 앙칼지게 남편에게 대들었다. 그러자 화가 잔뜩 난 매형은 누나를 죽으라며 시멘트 바닥에 내리쳤다. 체면을 중시했던 누나는 누구에게도 말을 못했다. 다만 내 입이 무겁다고 생각해선지, 나에게 전화로 하소연했다. 한번은 누군가의 도움을 받아 이혼합의서를 만들어 가지고, 매형에게 서명하라고 했다. 서류를 옆 눈으로 보던 매형은 서명하지 않았다.

어느 날 저녁, 그날도 자정이 되어서야 고스톱을 끝내고 만취 상태로 가게를 나왔다. 귀가하는 길에 하수구 매설 작업을 하는 곳을 지나게 되었다. 칠흑 같은 밤길을 자전거로 가는데, 세찬 바람까지 불어 대니 그만 방향 감각을 잃은 매형은 하수구에 거꾸로 처박혔다. 곧바로 구급차에 실려 경희대병원에서 수술을 받고 입원하게 되었다. 목 주위의 경추가 다쳤는데, 아픈 곳은 쉽게 낫지 않았다. 결국 요양병원에 입원했고, 상태가 악화되면 경희대병원에서 치료를 받았다. 그러다가 조금 나아지면 요양병원으로 옮기는 생활이 계속되었다. 매형은 결국 요양병원에서 생을 마감했다.

매형은 근검절약이 몸에 밴 사람이었다. 지독한 구두쇠로 돈을 벌 줄만 알았지, 쓸 줄을 몰랐다. 말도 못 하는 지경이 된 그는 양복 호주머니에 무언가 있다고 수화로 이야기했다. 누나가 집에 와서 장롱 속 깊은 곳에 있는 매형의 양복 호주머니를 열어 보니, 현금 700만 원이 있었다. 매형의 철저한 근검절약으로 단독주택 한 채와 아파트 한 채를 남겼다. 누나는 아파트 월세와 단독주택에서 나오는 월세로 살고 있다.

얼마 전 누나와의 대화 중에 죽은 매형 이야기가 나왔다. 살면서 그렇게 원수로 알았던 매형이 죽고 나니 불쌍하다고 했다. 악착같이 돈 벌어서 한 푼도 쓰지 못하고 죽었다고 애도했다. 매형의 폭력으로 지금도 불편한 몸으로 살아가면서 말이다. 매형이 부지런히 돈을 벌어 쓰지 않았기 때문에, 지금 편하게 살고 있다고도 했다. 만약 매형이 아무 재산도 남기지 않고 죽었다면, 나쁜 소리를 들었을 것이다. 그러나 누나를 살 만하게 해 놓고 죽으니, 칭송이 터졌다.

"정말로 괜찮은 남자이고, 쓸 만한 사람이었어."

"망령되이 얻은 재물은 죽어가고
손으로 모은 것은 늘어가느니라"
(잠언13:11)

제수씨

'누가 현숙한 여인을 찾아 얻겠느냐 그의 값은 진주보다 더 하니라'(잠31:10)

현숙한 여인에 관해 기록하고 있는 잠언 31장을 볼 때마다, 항상 제수씨의 얼굴이 떠오른다.

어릴 때부터 운동을 좋아하고 고등학교에선 축구 주장이었던 동생의 꿈은 국가대표 축구선수가 되는 것이었다. 어느 날 축구를 하는데 무릎이 아파서 뛸 수가 없었다. 정형외과에 갔더니, 관절이 손상됐다며 더 이상 축구를 하면 안 된다고 했다. 눈물을 머금고 축구를 포기했다. 의사의 오진이었음이 밝혀진 건 한참 늦은 뒤였다.

진로를 놓고 고민하던 동생은 신학을 전공하여 목사가 되기로 결심했다. 조부 때부터 예수를 믿었으니, 우리 형제들은 4대째 신앙을 이어 오고 있었다. 많은 어려움 속에서 신학대학을 졸업한 동생은 어머니가 출석하는 교회의 전도사가 되었다. 동생은 신학의 선진국이라 할 수 있는 미국에서 신학 공부를 더 하고 싶어 했다.

마침 같은 교회에 출석하는 제수씨를 만나 결혼하게 되었다. 하나님께서 동생에게 제수씨와의 만남을 허락하신 건 복 중의 가장 큰 복이었다. 가진 것 없는 동생 부부는 사랑과 믿음으로 똘똘 뭉쳤다. 제수씨는 하나님 다음으로 동생을 섬겼다.

 유학길에 오르기 위해 동생은 미국대사관에서 면접을 치렀다. 네 번째 면접을 치렀으나 번번이 탈락됐다. 다섯 번째는 예쁜 제수씨와 함께 갔다. 면접관이 싫은 기색을 하면, 같이 간 제수씨가 면접관을 향해 고운 미소를 계속 보냈다. 결국 동생은 무난히 면접을 통과했다. 당시 유학생 면접에서 통과될 확률은 천 명 중에서 한두 명이었다고 한다.

 비행기 표 두 장을 겨우 사서 빈 몸으로 날아오다시피 한 동생 부부의 미국 생활은 첫날부터 가시밭길이었다. 친척이나 아는 사람이라곤 아무도 없는 이국땅에서 남편의 학비와 생활비를 벌기 위해 제수씨는 식당 설거지 등 닥치는 대로 일을 했다. 미국 생활에 조금 적응하자, 세탁소를 인수했다. 가진 돈이 없었기에 불리한 조건의 인수였다.

 동생은 워싱턴에 있는 ㅇㅇ교회 전도사로 들어갔다. 그리고 어렵게 신학 공부를 시작했다. 그 사이 남매가 태어났다. 남편의 학업 뒷바라지와 집안을 건사하느라, 제수씨는 몸을 아끼지 않았다. 남편을 훌륭한 목사로 키워 하나님이 기뻐하시는 교회를 세우겠다는 꿈 하나로 육신의 고단함과 모든 어려움을 이겨 냈다.

마침내 동생은 자그마한 미국인 교회를 사서 설립 예배를 드렸다. 40명 남짓 성도들이 함께하는 교회의 재정으로는 교회와 가정을 유지하기 힘들었다. 제수씨는 평소 어렵게 익힌 영어 실력으로 미국인 변호사 사무실에 들어가 일하며 교회 운영을 도왔다. 세탁소는 종일 일해야 하기 때문에 정리했다. 평일은 변호사 사무장으로 근무하고, 주말에는 왕복 8시간이 걸리는 애리조나주의 한 골프장에서 차량 관리를 했다. 그리고 주일에는 하루 종일 교인들의 손발이 되었다.

  하나님의 크신 은혜로 교회 성도가 800여 명인 중형교회로 성장했다. 동생 목사의 수고는 말할 것도 없고 제수씨의 헌신적인 섬김이 없이는 불가능한 결과였다. 제수씨는 기나긴 세월 동안 밤잠을 줄여가며 눈코 뜰 새 없이 바쁜 일상을 살아냈다.

  '교회는 젊은 목사가 이끌어야 한다'는 평소의 소신에 따라, 동생 목사는 목회 임기를 앞당겨 조기 은퇴를 했다. 그리고 쉼도 얻을 겸 제수씨를 데리고 한국에 들어왔다. 동생은 그동안 등한시했던 제수씨의 건강 체크와 함께 질병 치료에 힘썼다. 정형외과에서는 제수씨가 일을 너무 많이 해서 오른쪽 어깨 근육 4개 중 3개가 닳아서 없어졌다고 했다. 제수씨는 본인의 건강은 뒤로하고 오직 남편 목사와 교회를 섬기는 데 전력투구했던 것이다.

  정형외과 치료를 받는 중에 하루는 몹시 배가 아파 병원으로 달려갔다. 맹장염이라 했다. 염증 제거 약 5일치를 복용한 후 수술하자고 했는데, 복통이 가라앉질 않았다. 정밀검사를 하니, 복막염 진단이 나왔다. 수술 부위를 열어 보니, 장이 심하게 손상돼 있더란다. 제수씨에 대한 미안함으로 눈물짓는 동생을 위로하며, 나도 눈물을 찍어 냈다.

그러나 전능하신 하나님께선 제수씨의 병을 치료해 주셨다. 그리고 곧 미국으로 돌아가려는 제수씨를 하나님은 동생 곁에 더 눌러 앉히셨다. 복막염에 이어 다른 곳을 아프게 하셔서, 2년 동안 제수씨에게 치료와 회복의 시간을 더 갖게 하신 것이다.

뒤늦게 그림을 시작한 제수씨는 현재 화가로 활동 중이다. 동생과 함께 전국의 명소를 두루 여행하며 아름다운 풍경을 화폭에 담아내기에 바쁘다. 나는 동생을 좋아하고 사랑한다. 하지만 오늘의 동생을 있게 한 제수씨에 대해선 무한신뢰와 존경의 마음을 갖고 있다. 혼신을 다해 맡겨 주신 사역을 마치고, 생애 가장 안온한 시간을 보내고 있는 동생 부부에게 박수와 축복을 건넨다.

"사랑은 오래 참고, 온유하며, 시기하지 않고, 자랑하지 않으며,
교만하지 않고, 무례히 행하지 않으며,
자기의 유익을 구하지 않고, 성내지 않으며,
악한 것을 생각하지 않고, 불의를 기뻐하지 않으며,
진리와 함께 기뻐하고, 모든 것을 참으며,

모든 것을 믿으며, 모든 것을 바라며,

모든 것을 견디느니라"

(고린도전서 13:4-7)

나은자 원장

우리 교회에 백정순 집사가 있었다. 몸이 너무 말라서 바람 불면 날아갈 것 같았다. 몇 명 안 되는 교인들 중에 누구보다도 교회를 사랑하고 아꼈다. 그래서 나 역시 그에 대한 마음이 각별했다. 어느 주일 예배가 끝난 후 점심 식사 중이었다. 내 우측 눈이 옛날 교통사고 후유증으로 나빠져 책 읽는 데 약간 어려움이 있다고 했다. 엉겁결에 나온 말이었다. 며칠 후 백 집사는 평일인데 교회에 나왔다. 몸을 거동하기조차 불편한 분이 손에 무엇을 들고 왔다. 잘 말린 캐나다산 국화였다. 차로 끓여 마시면 눈에 좋단다. 내가 도와드려도 모자랄 판에 외려 배려를 받고 보니, 몸 둘 바를 몰랐다. 식사 도중 엉겁결에 뱉은 말이 큰 후회로 몰려왔다.

며칠 뒤 백 집사의 둘째 딸에게서 전화가 왔다. 엄마가 편찮으셔서 교회에 출석하지 못하신다고 했다. 그리고 자기가 힐링센터를 운영하고 있으니, 한번 들르라고 나를 초청했다. 그 당시 나는 경골 골절 수술로 다리가 많이 불편했다. 또한 비용도 부담이 됐고, 치료에 의문이 가서 응하지 않았다. 그런데 여러 번 전화가 왔다. 한번은 가봐야 할 것 같았다. 일단 날짜를 예약하고 방문했다. 규모는 그리 크지 않지만, 아늑하고 편안한 분위기를 자아내는 공간이었다.

간단한 설명을 듣고 옷을 갈아입었다. 룸에는 침대가 2개 놓여 있고, 천장엔 치료 도구들이 달려 있었다. 백 집사의 둘째 딸인 나은자 원장이 들어왔다. 아픈 부위를 묻고 몇 가지 질문을 더했다. 그리고 바로 진료에 들어갔다. 나는 물리치료를 여러 번 받아 본 경험이 있다. 그런데 이렇게 정성스런 진료를 받아 보긴 처음이었다.

내가 받는 치료는 뼈 주위, 그리고 뼈와 뼈 사이의 근육을 풀어 주는 것이었다. 약간 아프기는 했지만, 열과 성을 다하는 그녀의 진료에 절로 감동되었다. 도중에 아프면 '아!' 하고 통증을 호소하면, 즉시 가볍게 치료를 했다. 3시간 동안 쉬지 않고 진료하는 나 원장의 모습은 숭고해 보였다. 여태까지 이렇게 사심 없이 혼신을 다하는 진실한 치료 경험은 처음이었다.

그 후로도 몇 달 동안 치료를 더 받았다. 그때마다 온 정성을 다해 치료에 임하는 나은자 원장의 모습이 오래도록 잊히지 않았다. 상처를 치료하는 것도 중요하다. 하지만 몸의 상처보다 마음의 상처 치료가 더 중요한데, 나 원장은 이 두 가지의 치료 능력을 갖춘 사람으로 깊이 신뢰하게 되었다. 이름대로 그녀는 하늘이 주신 사명의 삶을 살아가고 있었다.

"너희가 너희 하나님 여호와를 섬기면

여호와가 너희 양식과 물에 복을 내리고

너희 중에서 병을 제거하리니"(출애굽기 23:25)

공한기

　연일 한파가 맹위를 떨리고 있었다. 손가락 통증 때문에 보훈병원 정형외과에 들렀다. 항상 환자들이 붐비던 대기실엔 웬일인지 대기 환자가 몇 안 되었다. 담당 간호사에게 예약 환자 확인을 하고, 나는 빈자리에 앉았다. 평소라면 빈자리가 거의 없었는데, 그날은 자리까지 여유가 있었다.

　정형외과는 척추, 관절, 골절, 손가락 등 부위별로 4곳에서 진료를 하고 있었다. 각 정형외과 전문의 방이 따로 있고, 전문의 이름이 명시되어 있다. 그 밑에 진료받을 환자들 이름이 순서대로 띄워져 있었다. 점심때가 가까워지자, 환자들이 더 줄었다. 그런데 대기자의 이름 가운데 낯익은 이름이 눈에 띄었다. 초등학교 친구의 이름이었다. 이름이 조금 특이했기에, 바로 기억할 수 있었다.

　진료를 마치고 나오는 친구에게 내가 먼저 다가갔다. 친구도 나를 알아보고 반가워했다. 먼저 진료를 마친 친구에게 가방을 맡기고 진료를 받고 나와 식당으로 향했다. 짧은 시간이지만 많은 대화를 나누었다. 주로 가족 이야기였다.

친구 아내는 결혼 때부터 지금까지 교회에 출석하고 있지만, 자기는 교회는 물론 종교와는 거리가 멀다고 했다. 그래서 아내와 티격태격 싸우면서 살고 있다고 했다. 작은딸은 결혼하여 총명한 아들을 낳고, 좋은 직장에 다니고 있다고 했다. 큰딸은 마흔두 살인데, 미혼이어서 자기 부부와 같이 산다고 했다.

자기는 큰딸에게 절대로 결혼하지 말라고 신신당부한다고 했다. 현재 좋은 직장에서 돈 잘 벌고 있고, 자기 하고 싶은 것 다 누리면서 살고 있다는 것이다. 나중에 나이 들면 시니어 타운에 들어가 살면 된다고도 했다. 결혼하게 되면 남편 뒤치다꺼리해야지, 애들 하나에서부터 열까지 다 챙겨야지, 임신과 출산의 고통을 다 감내해야지, 그리고 나이 들면 자식들이 자기들 살기 바빠서 부모 돌봐줄 여력이 없단다.

자기도 자식들을 어렵게 다 키워 놓으니, 자기들 생각만 하고 부모 생각은 조금도 하지 않는다고 했다. 어떤 면에서 맞는 말일 수도 있겠으나, 삶의 편리함만을 추구하는 것 같아 어쩐지 뒷맛이 씁쓸했다. 갑자기 온몸에 한기가 몰려왔다.

"남자가 부모를 떠나 그의 아내와 합하여
둘이 한 몸을 이룰지로다"(창세기 2:4)

부도문학

'박학다식'이라는 말이 있다. 넓은 학문과 많은 지식을 소유하면서 깊이까지 있는 경우를 말한다. 호기심이 많고 이것저것 알고 싶은 욕구가 커서 알려고 하다 보니, 박학다식해지는 경우가 있고, 먹고 살기 위해서 많은 지식들을 습득하려고 노력하다 보니 박학다식해지는 경우도 있다.

친구 중에 박학다식한 친구가 한 명 있다. 군대 동기였던 친구는 군대 생활하는 약 1년 동안 예비고사 준비를 했다. 그 후 4년간 야간대학을 다녔다. 그리고 3년은 대학원을 마쳤다. 7년 동안 학업을 마친 후에 보일러 기사 자격증을 취득했다. 군대 생활 7년 동안을 보람차게 마감했다.

제대한 후에 기아산업에 입사했다. 기아산업에서 3년여의 세월 동안 열심히 업무에 매진했다. 얼마 뒤 사내 인사이동이 있었다. 친구는 다른 어느 직원보다 열심히 일했는데, 한직으로 발령을 받았다. 그 즉시 사표를 제출하고 회사를 떠났다.

마침 미국에 거주하는 누나에게로 갔다. 누나가 주유소 3곳을 운영하고 있었기에, 서툰 영어지만 얼굴이 두꺼운 친구는 곧바로 주유소에 취직을 했다. 바로 그때 친구의 눈에 띈 것은 컴퓨터였다.

친구는 처음 접하는 신기한 컴퓨터를 이리저리 탐구하기 시작했다. 그러고는 귀국하여 안양에 한국 최초로 컴퓨터 조립공장을 세웠다. 생산은 시작됐는데, 판로가 문제였다. 그때가 70년대 후반이라 컴퓨터 수요가 그리 많지 않은 때였다. 이때 친구는 컴퓨터를 사용하는 곳은 대기업과 일부 병원이 유일하다는 것을 깨닫고, 개인병원을 대상으로 전국에 산재한 병원을 집중 공략했다. 이때 친구는 많은 의학지식을 습득해 '돌팔이 의사'가 되었다. 그러나 시기적으로 너무 앞서간 탓인지, 많은 노력을 기울였음에도 결국 손을 들었다.

그 후에 여러 분야에 진출했다가 결국 망하고 말았다. 망하고 난 후엔 지인들을 찾아다녔다. 움직이면 돈인데, 수중에는 땡전 한 푼 없었다. 지인들을 방문하면 식사는 사는데, 용돈 주는 사람은 없었다.

서울 위성도시에 살기 때문에, 시내버스 탈 돈이 없어서 운신할 수가 없었다. 하는 수 없이 집에서 돈 없이 갈 수 있는 시립도서관을 찾게 되었다. 아침밥을 건성으로 먹고 도서관에 가면, 저녁 7시가 넘어서 집으로 돌아왔다. 배고픈 독서 생활이 시작된 것이었다. 친구는 평소 좋아하는 책들을 읽기 시작했다. 오전에 두 권, 오후에 세 권씩 매일 읽어 나갔다.

특히 그는 역사를 좋아했다. 많은 역사책을 읽은 덕분에 역사에 해박한 지식을 갖게 되었다. 지인들끼리 모이면 역사에 관해서는 타의 추종을 불허할 만큼 막힘이 없었다. 의학상식 또한 탁월했다. 여기에 각종 사업을 하다 망한 경험이 있기에, 사업에 관한 지식까지 풍부했다. 사업 실패 경험이 화려한 친구의 이력을 잘 알고 있으면서도, 그의 말을 듣고 있으면 금세 돈방석에 앉을 것 같은 착각이 일었다.

어느 날 지인들이 동석한 자리에서였다. 한 사람이 친구에게 질문했다.

"박사님은 어떻게 그 많은 분야를 두루 알고 계십니까? 그리고 전공은 어떤 분야입니까?"

그러자 친구의 대답이 걸작이었다.

"하는 일마다 죄다 망해서 많은 세월 도서관에서 책만 읽었습니다. 그리고 전공 분야는 계속 부도가 났기 때문에 '부도문학'이랄까!"

"여호와를 경외하는 것이 지식의 근본이거늘
미련한 자는 지혜와 훈계를 멸시하느니라"

(잠언 1:7)

두 친구

첫 번째 친구는 중학교 때 내 옆에 앉은 단짝으로 3년 동안 학교생활과 등하교를 함께하다시피 했다. 우리는 밴드부 활동도 같이했다. 친구는 태권도에 열심이었다. 4단으로 전국체전에서 메달권에도 들었다.

나는 전역을 3년 정도 남겨 놓고 1990년에 대전으로 이사했다. 그때 친구는 건축자재 도매상을 하고 있었다. 500평이 넘는 대지에 5m 높이로 건축자재를 쌓아 놓을 만큼 큰 규모의 사업장이었다. 교복 차림의 10대 아이들이 30대 후반의 청장년이 되어 다시 만났다. 22년 만의 일이었다. 이후 자주 만나 교제를 이어 갔다. 그리고 1993년, 나는 전역했다. 그즈음 친구는 사업이 기울고 있었다. 전역하면서 수령한 퇴직금이 약간 있었다. 내 마음은 친구에게 천만 원을 주고 싶었으나, 내 손엔 750만 원밖에 없었다. 하여 750만 원을 주고, 모자라는 250만 원에 대해서는 이자를 계산해서 친구에게 주었다.

친구는 건축 자재 사업을 접었다. 가족의 생계를 위해 양계장에 종업원으로 들어가서 열심히 일했다. 진천, 상주, 익산, 순천으로 다니면서 힘든 닭 사육으로 가족을 부양했다.

　정확히 30년의 세월이 흘렀다. 친구는 그 어려운 양계장 일을 하면서도 내가 친구에게 준 돈을 갚을 결심을 하고 있었다. 모처럼 친구에게서 연락이 왔다. 500만 원을 전신환으로 부칠 테니, 우체국에서 찾아 쓰라는 것이었다. 그리고 사정이 허락되는 대로 나머지 금액도 보내겠다는 것이었다. 나는 그냥 준 것인데 갚아야겠다는 일념으로 지냈을 친구를 생각하니, 마음이 울컥했다. 친구의 우정이 나의 감정을 건드렸다.

　또 다른 친구는 군대 동기였다. 1969년 1월에 전주에서 논산 가는 버스에서 처음 만났다. 훈련을 마치고 친구는 7년, 나는 25년의 군대 생활을 했다. 친구는 머리가 영특했다. 컴퓨터 사업에 뛰어들어 한국 최초 컴퓨터 조립공장을 지을 정도로, 시대를 앞서 내다보는 안목이 있었다. 인간관계도 가히 국제적이었다. 유엔, 인도, 파키스탄, 아프가니스탄, 사우디아라비아, 카타르, 탄자니아 등 지구촌 곳곳에 많은 지인이 있었다. 친구는 영어권 사람들과의 소통에 어려움이 없을 만치 영어도 곧잘 했다. 돈 냄새도 잘 맡고, 수완도 좋았다. 그런데 수중에 돈은 들어오지 않았다. 친구들과의 관계도 점점 소원해지고, 아예 단절되기 시작했다.

　어느 날 친구는 아프리카 여행객을 모집했다. 어쩌면 나를 포함해서 공짜를 좋아하는 사람들이 아닐까 생각한다. 친구는 이런 점을 간파하고 미끼를 던졌다. 미끼를 물은 사람은 아홉 명이었다. 미끼는 간단했다. 850만 원을 입금하면 10일 일정으로 탄자니아 여행을 하고, 여행에서 돌아오고 난 뒤 1,100만 원 상당의 금을 주겠다는 것이었다.

따지고 보면 말도 안 되는 제안이었다. 내가 보기에 850만 원에 탄자니아 10일 여행은 괜찮다고 생각된다. 왕복 항공요금, 호텔비, 차량 임대비, 가이드 안내 비용, 기타 경비 등을 생각하면 비싼 금액은 아니다.

그런데 문제는 친구의 약속 불이행이다. 850만 원을 투자하면 탄자니아 일주를 하고 1,100만 원을 준다고 했는데, 한 푼도 안 주니 미끼를 물은 사람들은 난리가 났다. 고소를 한다느니 집으로 직접 가서 가족들에게 받아야겠다느니 했는데, 시일이 지나면서 점점 조용해졌다. 그리고 3년이 지난 지금은 완전히 조용해졌다. 친구는 아내와 이혼했다고 슬쩍 흘렸다. 이런 점을 미리 예상한 것 같다. 사건이 가정을 위협할까 봐 선제 대응을 한 것이었다. 그건 그렇다 치더라도 나를 포함해서 몇 사람은 추가로 친구에게 별도의 투자를 했기 때문에 손해는 컸다. 그러나 이젠 다들 조용하다. 떠들어 봤자 입만 거칠어지기 때문에, 입을 보호하기 위해서!

"내 영혼아 네가 어찌하여 낙심하며

어찌하여 내 속에서 불안해하는가

너는 하나님께 소망을 두라

나는 그가 나타나 도우심으로 말미암아

내 하나님을 여전히 찬송하리로다"

(시편 42:11)

나무

북코칭 교실에 들어와 다양한 연령대의 문우들과 친구가 되었다. '나무'라는 별칭을 가진 박진연 권사도 그 중의 한 사람이다. 나와는 막내 여동생뻘 되는 나이 차이이지만, 친구처럼 믿음의 교제를 이어가고 있다.

박 권사는 과거 25년간 대학에 근무했다. 어떤 상황에서도 사람들에게 친절한 말을 건네는 그녀는 웃음도 많고 눈물도 많다. 타인을 도우려는 고운 마음이 일찍부터 몸에 밴 듯했다. 대학에 근무하던 시절, 밥을 안 먹고 학교에 오는 학생들이 있다는 걸 안 그녀는 하이힐을 신은 채 밥과 반찬을 학교로 퍼 날랐다고 한다. 배고픈 학생들에게 '밥 엄마'가 되어 준 것이다.

그녀는 20대 후반에 결혼하여 1녀 1남을 두었다. 가장의 자리를 지키지 못하는 남편을 대신하여 두 자녀를 혼자서 키웠다. 그 과정에서 불안장애와 공황장애를 겪었다. 2008년 퇴직 후엔 알코올 의존증까지 생겼다. 그즈음 믿음의 공동체에 들어와 신앙생활을 시작했다. 말씀과 기도 그리고 치유 상담가인 담임목사님의 도움 덕분에 자신의 문제들을 보게 됐고, 점진적으로 회복의 길에 들어섰다.

이때부터 모든 것을 내려놓고, 가장 낮은 자세로 하루 평균 10시간씩 일했다. 병원 청소, 아이 돌봄 등. 10년을 훌쩍 넘긴 그 노동의 시간은 박 권사로 하여금 사람의 마음을 읽는 특별한 렌즈를 갖게 해 주었다. 지금은 자신이 만난 하나님을 자랑하며, 그리스도의 사랑을 전하는 삶을 살고 있다.

"30-40대보다 60대인 지금의 제 모습이 가장 양호한 상태일 거예요. (하하하) 불안전한 임신을 하게 된 친정어머니의 태에서 느낀 낙태 불안, 동생들과 저를 놔두고 엄마가 집을 나가지 않을까 하는 유기 불안, 맏딸로서 어머니의 마음을 붙들기 위해 애써 온 미혼 시절, 남편의 부재, 그로 인해 치른 고난들…. 저를 빚기 위해 하나님께서 제 인생에 이런 허들을 허용하셨음을 알게 됐어요."

혼자서 가정을 꾸리며 자녀를 결혼시키고, 이런저런 생활의 고달픔을 이겨낸 박 권사의 젊은 시절이 애틋하게 느껴졌다. 그러나 이제는 과거의 불안장애에서 벗어나, 남을 도우며 자기 삶을 운전할 수 있는 힘이 생겼다. 그녀의 최대 강점은 감성지능이 탁월한 점이다. 가슴으로 듣고 공감해 주며, 마음에서 우러나는 말을 잘 건넨다. 상대가 울먹이면 그녀는 벌써 울고 있다. 웃기도 잘하지만, 사람을 웃게 만드는 유머 감각도 타고났다.

'맘스컬리지' 대표이기도 한 박 권사의 본업이자 그녀가 가장 잘하는 일은 맞벌이 부부의 아이를 돌보는 일이다. 50일짜리 쌍둥이 돌봄에서부터 자기주장이 강한 5-6살 아이들을 친 부모보다 더 잘 돌보고 잘 놀아 준다. 한데 그녀는 아이만 돌보는 게 아니다. 아이를 낳아 길러 보고 장성한 딸을 결혼시켜 손자까지 본 친정엄마로서의 풍부한 경험 위에 따스한 가슴이 있다 보니, 젊은 엄마들의 어머니 역할까지 도맡게 된다.

박 권사는 만나는 이의 눈높이에 맞춰 하나님의 사랑을 전하고, 부부 갈등을 겪는 부부가 회복할 수 있게 돕기도 한다. 아니, 전 가족을 돌보는 토털 케어 서비스를 제공함으로써, '돌아다니는 사회복지사'라는 호칭까지 얻게 됐다고. 또한 과거의 자신과 같이 홀로된 여성들의 자립을 돕기 위해, 직업을 소개해 주고 상담도 해 준다고 한다.

북코칭 교실에서 만난 '나무' 박 권사는 이제 제법 큰 나무로 성장하여, 주변 사람들에게 쉴 수 있는 그늘을 내어주는 사람이 되었다. 오늘도 그녀는 씩씩하게 돌아다니다가 어려운 이웃을 만나면, 계란 두 판과 주스 한 병을 사 들고 그 가정을 방문할 것이다. 하여 그들의 이야기에 귀 기울여주며 그들과 함께 울고 함께 웃는, 그리스도의 편지 역할을 넉넉히 발휘할 것이다.

"즐거워하는 자들과 함께 즐거워하고
우는 자들과 함께 울라"
(로마서 12:15)

치매

며칠 전 친구 부인에게서 전화가 왔다. 못난이 귤을 보낼 테니, 주소를 알려 달라는 전화였다. 거절하기도 곤란해서 주소를 알려 주었다. 나흘 뒤에 귤 한 박스가 도착했는데, 말과 달리 상태가 좋았다. 한 달 전에 치매로 고생하는 친구에게 고구마 한 박스를 보낸 것이 귤 한 박스로 돌아온 것이다.

친구는 사회 선배지만 군대 동기생이기도 하다. 그는 나보다 생각이 깊고 똑똑하여 앞을 내다보는 혜안을 가지고 있었다. 군대 생활하는 중에도 영어 공부를 열심히 했다. 그로 인해 소령 때 한미 1군단 부조단장인 김재명 소장의 전속부관을 지냈다. 1981년 9월 대통령은 김재명 소장을 전역시켜 초대 지하철공사 사장에 임명했다. 김 소장은 전역할 때 전속부관으로 있던 친구를 전역시켜 지하철 공사 운영과장으로 보직했다. 친구는 지하철공사 창설 초기에 사내 운영 체계를 바로잡았다. 친구는 초대 지하철공사 사장과 지하철 선진국인 전 세계를 돌아보며 각국 지하철의 장단점을 취합하고 강점을 챙겼다. 그래서 우리나라 지하철이 세계 제일가는 지하철로 육성하는 데 큰 공을 세웠다.

그러나 친구는 정치의 격랑 속 언저리에서 쓴맛만 보았다. 인천국제공항 사장, 지하철 공사 사장, 철도청 중앙 보급소 소장 등 주요 요직에 내정되었으나, 등용에서 번번이 실패를 맛보았다. 합기도로 단련되고 등산을 즐겨 했던 그의 건강은 많은 스트레스로 서서히 무너졌다. 그는 우리 동기생 773명 중에서 유일한 박사학위 소지자였다. 얼마 전에 만난 친구는 하루 많은 시간을 TV를 보면서 지낸다고 했다. 그러나 TV를 보는데 내용은 모른다고 했다. TV에 나오는 화면만 본다고 했다. 나는 갑자기 눈시울이 뜨거워짐을 느꼈다.

친구 부인은 헌신적인 여인이었다. 치매에 걸린 남편의 음식을 직접 챙기며 영양 관리를 철저히 하고 있었다. 또한 오전에는 헬스장에 나가서 남편의 근육 단련에 힘을 쏟았다. 친구가 여러 차례 주요 보직의 기회가 무산될 때마다, 위로와 격려로 남편을 보살폈다. 그리고 평상시는 피아노 아르바이트를 하여 고정 수입이 없는 가정 살림을 이끌었다. 내가 친구 집을 방문했을 땐 마음 졸이며 치매 걸린 남편을 홀로 집에 두고 아르바이트를 끝낸 뒤 막 들어오고 있었다. 또 잠시 후에는 실버 교육을 받으러 간다고 집을 나갔다.

덕분에 친구 혼자만 둘 수 없어서 친구 부인이 올 때까지 내가 있어 주기로 했다. 친구는 치매로 정신은 없지만, 부인이 자기에게 최고라고 엄지를 몇 번이나 치켜세웠다. 나는 만감이 교차했다. 그리고 하나님께 감사했다. 친구보다 훨씬 못한 나를 연금 타서 생활하게 하시고, 멀쩡한 정신을 갖게 하시고, 선교 봉사와 복지 지원을 하게 하신 은혜가 감사했다. 물론 그날 이후 친구는 내 기도 제목이 되었다. 하나님의 은혜로 친구가 회복되기를, 최소한 치매가 진행되지 않기를 간절히 기도드린다.

> "내가 전심으로 여호와에 감사하오며
> 주의 모든 기이한 일들을 전하리이다"
> (시편 9:1)

선배

고향 동네 선배에게서 전화가 왔다. 그는 초등학교 2년 선배이기도 하지만, 군대 동기이기도 했다. 강동역에서 만났으면 좋겠다고 했다. 먼저 강동역 부근에 있는 곳으로 안내되었다.

그곳에는 그의 건물 두 채가 있었다. 한 채는 10가구, 또 한 채는 12가구가 세 들어 사는데, 그곳에서 매달 1,100만 원의 수익이 들어온다고 했다. 선배는 매일 이곳에 와서 건물 주변을 살피고, 쓰레기가 버려져 있으면 치운다고 했다. 기존 재산과 새로 입금되는 재정을 관리하면서 기쁨을 느끼며 여유 있는 생활을 하고 있다고 은근히 자랑했다.

점심시간이 되자, 나를 근처 순댓국집으로 안내했다. 나는 속으로 생각하기를 돈도 많으면서 횟집으로나 가지, 순댓국이 뭐야! 은근히 기분이 나빴다. 하지만 그 실망감은 음식이 나오기 전까지의 감정이었다. 여태까지 맛본 순댓국 중에서 제일 맛이 좋았다. '이런 순댓국집도 있구나'라고 감탄했다.

2년 선배이기도 해서 인사치레로 내가 쓴 책과 비타민 한 박스를 내밀었다. 그랬더니 선배는 통장 계좌번호를 알려달라고 했다. 그리고 이삼일 후 내가 쓴 책 3권을 보내달라고 연락이 왔다. 덧붙여서 계좌번호도 꼭 알려 달란다. 책 여섯 권을 보내 주었다. 그 뒤로 선배와 자주 연락하는 사이로 변했다. 이번 일을 통해 관계를 좋게 하려면, 상대방에게 대한 배려가 꼭 필요하다는 것을 느꼈다.

며칠 전에 35년 동안 연락하지 않았던 친구에게서 전화가 왔다. 선배가 책을 주어서 읽었단다. 책에 담긴 내용에 감동도 되고 처지가 자신과 비슷해서, 책을 읽으며 울었다고 했다. 선배의 배려로 내가 쓴 책을 통해서 다른 친구들과도 연결되었다.

선배는 고향을 떠난 지 60년의 세월이 흘렀지만, 잊어버리지 않고 나를 기억하고 만남의 기회까지 만들었다. 그리고 후배이기도 하고 동기생인 나를 적극 도우려고 노력한다. 정말 고마운 일이다.

내게 남은 생애가 얼마나 될지 모르지만, 나도 지금보다 더 남을 도우며 또한 도울 일이 없는지 살피면서 삶을 영위해야겠다고 다짐해 본다.

> "너희가 남에게 대접을 받고자 하는 대로
> 너희도 남을 대접하라"
> (누가복음 6:31)

5장

여행 이야기

미국행
아프리카
유령
인생 여정

미국행

기내 좌석에서

1994년 5월, 동생이 왕복항공권을 보내와서 미국행 비행기에 탑승했다. 서울에서 뉴욕까지 13시간이 소요된다고 했다. 기내석의 표준은 잘 모르겠지만, 좌석과 좌석 사이가 너무 비좁았다. 특히 앞뒤 좌석 사이는 간격이 너무 좁아서 발과 무릎이 아팠다. 나의 좌석은 통로 옆이었다.

통로 쪽은 사람들이 지나다녀서, 소란스럽고 먼지도 많아 위생상 좋지 않을 것 같았다. 키도 작고 점잖게 생긴 사람이 내 옆을 지나갔다. 그 사람이 지나갈 때 진한 담배 냄새가 물씬 풍겼다. 그 사람은 30분에 한 번씩 내 옆을 지나갔다. 비행기 후미에 있는 화장실에서 담배를 피우기 위해, 그는 계속 내 옆을 오고 갔다. 졸음이 와서 눈을 감으면, 진한 담배 냄새를 풍기며 그 사람이 또 지나간다. 여자 승무원을 불러서 물어보니 사제라고 했다.

나는 뉴욕공항에 도착할 때까지 13시간 동안 그 사람 때문에 눈을 붙이질 못했다. 30분 간격으로 계속 담배 냄새를 맡아야 했기 때문이다. 가뜩이나 피곤한데 그 사람으로 인해 피곤함이 가중됐다.

땅콩과 과자

뉴욕공항에 내려서 워싱턴 가는 비행기를 타야 했다. 미국 국내선 비행장은 뉴욕공항에서 1㎞쯤 떨어져 있다고 했다. 생전 처음인데 여행 가방을 밀고 가는 사람들이 있었다. 나도 그들 뒤에서 5m쯤 떨어져 걸었다. 국내선 비행장은 조금 큰 정비 공장처럼 규모가 작았다. 특이하게도 비행기가 이륙할 때 자동차를 추진할 때처럼 수신호로 비행기 후진을 유도하고 있었다. 워싱턴까지는 2시간이 걸린다고 했다. 비행기가 출발하니, 조금은 안심되었다.

비행 중에 난기류를 만났다. 비행기가 쑥 올라갔다가 쑥 내려갔다. 발바닥이 근질거렸다. 약 한 시간쯤 지났을까. 대부분의 승객들은 수면 모드에 들어갔다. 특히 어린아이들은 한밤중이었다. 그때 여자 승무원이 승객들에게 땅콩과 과자를 나누어 주었다. 잠자는 사람에게는 주지 않았다. 과자와 땅콩을 받은 승객들의 부스럭거리는 소리에 아이들이 잠을 깼다. "우리도 과자 주세요." 그러나 자다가 깬 아이들에겐 땅콩과 과자를 지급하지 않는단다. 그 대신에 흑인 여자 승무원 둘이서 하얀 이를 드러내고 소리 내어 웃고 있었다.

플로리다

　미국에 사는 동생은 나를 위해 플로리다 여행 계획을 세워 두었다. 나를 포함한 다섯 명이 여행길에 올랐다. 워싱턴에서 플로리다까지는 다섯 시간이 걸린다고 했다. 가는 도중에 목조주택 전시장이 있었다. 우리나라 농가주택 사이즈의 가격이 50만 원이라고 해서 놀랐다. 플로리다를 향해 달리는 길에서 소소한 볼거리들과 마주했다. 교복 차림의 학생들이 여러 가지 악기를 불며 길을 막고 행진하고 있었다. 무엇을 위한 것인지는 잘 모르지만, 경비를 만들기 위해서 모금행사를 하는 중이라고 했다.

　플로리다는 미국 남동부에 있는 주로서 대서양과 멕시코만 사이에 위치한 반도다. 미국 최고의 명소이자 세계 최고의 가족 휴양지로 손꼽힌다. 끝없이 펼쳐지는 플로리다 해변의 풍광이 아름답다. 밤에 낚시 한 대를 들고 낚시를 갔다. 비바람이 휘몰아쳐 사람이 없는 낚시터엔 바다의 거센 파도가 계속 몰려왔다.

　이곳은 해변마다 T자 형식의 구조물이 설치되어 있다. 그곳에서 낚시하면 제약 조건은 없다. 플로리다는 특별히 높은 망대가 설치되어 있어서 그 위에서 낚시를 했다. 기후조건이 나빠서 입질도 없었다. 낚시를 접으려고 하니 낚시가 심하게 요동쳤다. 끄집어내어 보니, 조그마한 상어 새끼가 그 큰 낚싯바늘은 꿀꺽 삼킨 것이었다.

다음 날엔 해수욕장 주변 놀이터에 가 보았다. 재미있는 놀이기구가 많았다. 그중에서 눈에 띄는 놀이기구가 있었다. 직사각형 구조물인데 사람이 누울 정도의 크기로 네 곳에 바퀴가 달려 있었다. 지면과의 높이는 20cm 정도였다. 그 위에 사람이 누워서 발로 바퀴를 돌려 움직였다. 그 어디에서도 보지 못한 처음 보는 기구였다.

플로리다는 기후 조건이 온화해서 악어 사육장이 많았다. 큰 호수들이 많았는데, 물풀이 난 곳엔 여지없이 악어들이 보였다. 악어들이 물가 풀숲에 엎드려 있기도 하고, 물속에서 머리만 수면 위로 내놓고 있는 악어도 있었다. 조그마한 새끼 악어부터 몸집이 큰 악어까지 악어 천국이 따로 없었다. 어떤 때는 악어들이 호수 밖으로 나오는 경우도 있다고 했다. 그런데 왜 악어만 보면 지갑이 떠오르는지 모르겠다.

달빛

동생 처남이 내가 낚시를 좋아한다고 나를 낚시 명소에 초대했다. 승용차에 낚시 도구를 싣고 낚시터로 출발했다. 버지니아, 워싱턴, 북버지니아, 델라웨어를 거쳐서 뉴욕 남쪽에 도착했다. 낚시터마다 줄자가 비치되어 있었다. 왜 줄자를 비치해 두냐고 물었더니, 30인치 이하의 고기가 낚이면 방류하도록 법으로 정해져 있다고 했다. 낚시를 즐기는 동안 날은 점점 어두워지고 있었다. 그때였다. 낯익은 말소리가 여러 곳에서 들렸다. 뉴욕에서 한국말을 듣는 것이 그저 신기했다. 미국 내에 한국 사람들의 낚시 인구가 베트남 사람 다음으로 많다고 했다.

보름달이 떠올랐다. 한국에서 보는 달은 노란 빛인데, 이곳 달은 푸른빛이 감돈다. 한국의 달은 따뜻한 정감을 주는데, 이곳의 달은 어쩐지 서늘한 느낌을 준다.

낚시터에 가고 오는 주변은 끝이 없는 농경지였다. 아득한 지평선만 보일 뿐, 산이 보이지 않았다. 우리나라의 웬만한 도시 하나에 견줄 만큼 농장 규모가 방대했다. 농장으로 들어가는 기찻길도 보였다.

대게

제수씨가 내게 대게 식사 대접을 했다. 식당에 도착하니 식당 입구에 나무 망치들이 가지런히 놓여 있었다. 일행은 나무망치를 하나씩 들고서 테이블에 앉았다. 알래스카 대게가 너무 커서, 나무망치로 대게를 부셔서 껍질을 벗겨야 한다고 했다. 처음 먹을 때는 대게 맛이 약간 싱거웠다. 계속 먹다 보니 점점 헛바닥에 짠

맛이 더해갔다.

  보통 미국인들은 반 마리가 정량이라고 했다. 나는 3마리를 먹었다. 배가 불러 왔다. 한국 사람 중 많이 먹는 사람은 14마리까지 먹는다고 했다. 여러 해 지나서 미국에 다시 가 보니, 대게 식당이 전부 없어졌다. 아무래도 동양계 사람들이 한꺼번에 너무 많이 취식해서 그런 것 같았다.

마트 도서관 박물관

  미국에 체류하는 동안 가장 눈에 띄는 것은 지역마다 있는 대형 마트였다. 대개 1층에 자리하고 있는 마트는 어마어마하게 넓은 면적을 차지하고 있었다. 그리고 차량 출입이 가능했다. 미국인의 씀씀이가 짐작되었다. 다음으로 도서관이었다. 지역마다 도서관이 있었다. 그리고 편안하게 책을 볼 수 있도록 시설을 아주 고급스럽게 꾸며 놓았다. 오늘날의 미국이 있게 된 원동력이 아닌가 생각되었다.

  마지막으로 박물관이었다. 스미소니언 박물관은 세계에서 제일 크다고 한다. 박물관 내부 견학만 3시간 이상이 걸렸다. 없는 것이 없다는 말이 맞는 것 같다. 특히 화성에 관한 방대한 자료를 보여 감명을 받았다. 미국은 지구와 환경이 어느 정도 유사한 화성을 장차 개발할 의지가 엿보였다.

"내가 전심으로 여호와께 감사하오며
주의 모든 기이한 일들을 전하리이다"

(시편9:1)

아프리카

우여곡절 끝에 탄자니아행 비행기에 탑승했다. 에티오피아 아디스아바바까지 14시간, 그곳에서 탄자니아 다르에스살람까지 3시간이 소요되었다.

옆 좌석에 여대생 두 명이 타고 있기에, 무슨 일로 탄자니아에 가느냐고 물었다. 그들은 탄자니아에 선교하러 간다고 했다. 후원하는 단체가 있어서 숙식을 해결하지만, 용돈이 부족할 것 같다고 했다. 나는 친구를 그들에게 소개했다. 친구는 13년 동안 그곳에 거주했고, 금전적 문제가 나아지고 있다고 말했기 때문이다.

탄자니아 여행을 마치고 많지는 않지만 10만 실링(한화 5만 원)을 친구에게 주어 그들에게 주라고 했다. 나중에 친구가 10만 실링을 더하여 두 학생에게 10만 실링씩 주었고, 후원자 목사님과 학생들을 호텔로 초대하여 식사까지 대접했다고 연락이 왔다. 어린 여학생들이 두려움 없이 아프리카에 선교하러 온 것이 귀하게 생각되었다. 휴학계를 내고 선교 온 그들에게 하나님께서 큰 은혜로 갚아 주실 것이다.

끝없는 지평선

다르에스살람 공항에서부터 30인승 버스로 수도인 도도바, 모르고로, 므완자까지 하루에 200km 이상을 이동했다. 탄자니아는 제한 속도가 50km여서 더욱더 장거리로 여겨졌다. 그 나라는 우리나라보다 9배 정도 크다고 한다. 하루 종일 달려도 지평선을 볼 수가 없었다.

도로는 대개 왕복 2차선이다. 도로 주변의 땅이 넓어, 도로 확장에 대비되어 있고, 도로 주변엔 마을이 발달되어 있었다. 마을 주변엔 커다란 바오밥나무가 군데군데 서 있고, 풀밭에서는 소와 염소가 한가로이 풀을 뜯고 있었다. 농지에는 벼농사 흔적이 남아 있고, 옥수수도 자라고 있었다.

그때가 2월 우기 철이어서, 모든 초목이 초록색을 띠고 있었다. 중간에 국립공원이 있어 들렀다. 그곳에는 사자, 코끼리, 얼룩말, 기린, 하마, 악어 등을 비롯해 이름을 알 수 없는 각종 새들이 많았다. 산양 등 작은 동물도 많았다. 풀숲에 있는 사자는 잡아먹을 짐승이 주위에 많아 사냥 걱정 없이 낮잠만 늘어지게 자고 있었다.

중간중간에 경찰 검문이 있었는데, 경찰 복장은 모두 제각각이었다. 그 복장 중에는 한글로 '아동 지킴이'라는 글이 새겨진 것도 있었다. 이동 시 대소변은 숲속의 은폐된 곳에 정차하여 볼일을 보았다.

탄자니아 사람들은 농부 외에는 주로 식당 근무, 호텔 직원, 물건 파는 사람들이다. 한결같이 친절하며 웃는 얼굴이었다.

빅토리아 호수

초등학교 2학년 때였다. 쌓여 있는 책 속에서 지도책을 발견했다. 지도책을 보기 시작하면서 학교에서 집에 오면 많은 시간을 지도책 보는 데 소비했다. 간단한 저녁 식사가 끝나면, 잘 때까지 지도책과 같이 살았다.

아프리카는 열사의 사막과 우림에 덮여있는데, 아프리카 중부에서 발원하는 나일강에 대해 많은 관심을 가지고 있었다. 특히 성경에 이집트가 자주 언급됐기 때문이다. 그리고 나일강은 빅토리아 호수로부터 발원했다는 것이다. 빅토리아 호수는 스피크리라는 영국 탐험가가 발견했는데, 그 당시 영국 여왕의 이름을 딴 것이었다.

우리를 태운 버스는 수도인 도도마에서 8시경에 출발했다. 빅토리아 호수 남단의 므완자시를 향해서 시속 50km의 속도로 새벽까지 강행군했다. 새벽 4시경에 도착하고 보니, 호텔에 빈방이 없었다. 시내를 배회하다가 새벽 5시가 되어서야 호텔로 들어왔다.

다음 날 그곳 수산시장에 갔다. 민물 어시장은 생전 처음이었다. 민물고기를 말려서 산더미처럼 쌓아 놓고 거래를 하고 있었다. 이 어시장은 빅토리아 호수 일대에서 가장 큰 시장으로, 우간다에서도 민물고기를 사려고 온다는 것이다.

빅토리아 호수는 세계 3위의 민물 호수다. 탄자니아. 우간다. 케냐와 경계를 짓고 있다. 길이 402km, 넓이 322km, 최고 수심 84m, 면적은 6만8800km다.

나일강에서 서식하는 농어는 200kg까지 자란다고 한다. 400종 이상이었던 빅토리아 물고기 종류는 현재 200종 이하로 줄어들었고, 그마저 멸절 위기에 처했다고 한다.

호수 주변의 인구 증가로 인한 오염, 우간다 댐 건설 등으로 부영양화가 가속되었다. 주변 3국이 방류한 쓰레기와 오물들이 계속 쌓여 가고 있다. 호수 접경국인 3국은 빅토리아 호수 오염에 대한 문제 해결에 소극적일 뿐만 아니라, 아예 무시하는 실정이란다.

이러한 설명을 들으면서 빅토리아 호수를 바라보고 있자니, 무서운 미래가 펼쳐지는 것 같아 섬뜩했다.

잔지바르

잔지바르는 탄자니아 동부 대서양 상류에 있는 섬으로 1963년

독립 국가로 탄생했다. 그리고 1년 뒤인 1964년 탄자니아로 통합되었다. 육두구, 계피, 후추 등의 향신료 산지로 유명하다.

잔지바르로 가는 다르에스살람 항구는 많은 사람들로 북새통을 이뤘다. 많은 짐꾼들이 배에 싣는 짐을 선점하려고 우리 일행을 둘러쌌다.

겨우 여객선에 올라 바다가 보이는 창가에 자리를 잡았다. 한 자리 건너 옆 좌석에는 30세쯤 되어 보이는 여인이 앉아 있었다. 깨끗한 짐을 바닥에 놓기에 내 짐을 치우며 손가락으로 거기에 놓으라고 가리켰다. 그녀는 내 옆자리로 오라는 줄 알고 짐은 그대로 바닥에 놓고 내 옆 좌석으로 옮겨 앉았다. 나이를 물어보니 22살이란다. 우리 집 막내딸보다 어린데 기혼이었다.

잠시 후 물건을 파는 상인이 지나가자, 그녀는 구겨진 소액권 지폐로 조그마한 과자를 샀다. 과자봉지를 받은 그녀는 나에게 먹으라는 시늉을 했다. 그녀의 진심이 느껴져 과자를 한두 개 집어 먹었다. 그런데 먹고 나니 조금 미안했다. 나는 가지고 있던 국산 초콜릿을 그녀에게 주면서, 서툰 영어로 말했다. Take it Home! 말이 통했는지, 그녀는 말없이 초콜릿을 가방에 넣었다. 그리고 히잡을 뒤집어쓴 채 자기가 산 과자를 목적지에 도착할 때까지 먹으면서 갔다.

잔지바르까지는 1시간이 넘게 걸렸다. 섬 주변은 인도양의 코발트색 푸른 바다가 끝없이 펼쳐지고 있었다. 다른 섬은 거의 없었다. 나는 시선을 멀리 둔 채 잔지바르 섬 주변을 감싸고 있는 인도양을 바라보았다. 섬에 도착한 후 30분 정도 택시를 타고 스카이샌드 호텔에 도착했다.

　나는 숙소를 배정받을 때마다 매번 기분이 상했다. 불만 사항은 모기약 같은 벌레 퇴치기도 없고, 비누와 화장지도 없으며, 온수가 나오지 않는 룸도 있다는 것이다.

　스카이샌드 호텔은 대서양이 수평선을 이루는 경치가 좋은 곳에 위치해 있었다. 그런데 배정받은 방으로 가 보니, 바닷가를 등지고 있었다. 카운터에 가서 방을 해변 쪽으로 바꾸어 달라고 했다. 그러자 해변 쪽은 돈을 더 내라는 것이었다. 마침 친구가 오면서 하는 말이 하룻밤인데 그냥 자라는 것이다. 일생일대 최대의 경관을 바라보고 싶었다, 끝없는 인도양에서 떠오르는 태양을 꼭 보고 싶었다. 그런데 소박한 나의 바람이 외면당한 것이었다. 친구의 마음을 이해 못 하는 건 아니지만, 서운한 감정은 가시질 않았다.

귀국

　잔지바르에서 돌아온 일행은 나와 친구 등 세 사람을 제외하고 공항 부근의 식당으로 곧장 갔다. 잠시 후에 우리 세 사람은 택시로 호텔에 들러 아픈 한 사람을 그곳에 남겨두고, 나와 친구는 택시를 갈아타고 공항 부근의 식당으로 출발했다.

택시는 출발 후 10분가량을 제외하고 양방향 도로가 꽉 막혀서 꼼짝을 하지 않았다. 30분 이상 운행했으나 1km도 가지 못했다. 비행기 출발 시간은 다가오고 마음은 초조했다.

그때 친구가 오토바이를 타자고 제안했다. 오토바이 뒷좌석 좁은 공간에 두 사람이 오토바이를 꽉 붙잡고 타고 갔다. 오토바이는 전속력으로 달렸다. 차량이 양방향으로 서로 보며 달리는데, 그 가운데를 오토바이가 전속력으로 달리는 것이었다. 조금만 커브를 돌아도 몸이 움직였고, 참사가 날 것만 같았다. 또한 반대편에서 오토바이들이 전속력으로 돌진해 오고 있어서, 꼭 충돌하는 착각이 들곤 했다. 간담이 서늘했다. 가까스로 식당에 도착한 우리는 겨우 시간에 맞춰 공항에 도착했다.

다르에스살람 공항을 출발하여 아디스아바바로 가는 3시간의 비행시간에 기내식이 나왔다. 식사는 나왔는데, 포크와 스푼이 없었다. 앞에 있는 일행에게 부탁하니, 포크를 주었다. 이렇게 많은 사람 중에 나 혼자만이 포크와 스푼이 없다는 것을 설명할 방법은 없다. 그리고 승무원은 식사만 제공하고 보이지도 않았다. 그러한 상황 속에서도 하나님은 도울 사람을 준비하셨다.

아디스아바바 공항에서 인천행 비행기에 탑승하니, 한국 사람들이 많이 보여서 반가웠다. 시시각각 인천공항이 가까워 오는

데, 수면을 제대로 취하지 못해서 멍한 상태였다. 내가 지도상으로만 알고 있었던 먼 아프리카에 있는, 우리나라보다 거의 10배 큰 나라를 10일 여행으로 다녀왔다. 이것은 하나님의 크신 은혜다. 또한 친구의 경험과 도움으로 일구어낸 결과다.

"공중의 새를 보라 심지도 않고 거두지도 않고
창고에 모아들이지도 아니하되 너희 하늘 아버지께서 기르시나니
너희는 이것들보다 귀하지 아니하냐"

(마태복음 6:26)

유령

 인천공항에서 에티오피아를 거쳐 탄자니아까지 17시간의 비행 끝에 탄자니아 다르에스살람 공항에 내렸다. 도착하니 30인승 버스가 기다리고 있었다. 곧바로 버스에 올라 8시간을 달렸다. 비행기와 버스를 번갈아 타며 25시간 만에 탄자니아 수도인 도도바에 도착했다.

 호텔에 들러서 식사를 하고 배정받은 방에 들어갔다. 우리가 보통 생각하는 고층 건물의 호텔이 아니었다. 단층 건물이 여러 개 몰려 있고, 건물과 건물 간격은 150여 미터 떨어진 곳도 있었다. 그리고 호텔 주변은 불빛 하나 없는 암흑의 세계였다. 호텔 방 안에 들어가 보니, 천정에선 선풍기가 돌아가고, 방충을 뚫고 들어온 모기가 여행에 지친 우리를 반겨 주었다. 화장실엔 조각 비누만 놓여 있을 뿐, 화장지도 없었다.

 이번 여행 프로그램을 진행하는 총무를 만나기 위해서 방을 나섰다. 총무가 기거하는 호텔 방은 우리가 기거하는 곳에서 150미터쯤 떨어져 있었다. 나와 같은 방을 사용하는 이사장은 몸에 땀이 너무 많이 흘러서 샤워를 하겠다고 했다.

나는 호텔 방을 나왔다. 밖에는 칠흑 같은 어두움만 깔려 있었다. 아득히 먼 곳에 불빛이 희미하게 비치고 있었다. 그 불빛은 깜깜하고 적막한 밤하늘을 쳐다보고 있었다. 살면서 여태까지 느껴보지 못한 공포가 밀려왔다. 갑자기 칼을 들고 달려드는 흑인들이 생각났다. 나를 잡으면 통구이로 해먹을 텐데, 그렇게 되면 뜨거워서 견딜 수 없을 것 같았다.

등 뒤와 얼굴 그리고 목덜미에 땀을 흘리면서 희미한 불빛을 향해 나아갔다. 바로 그때였다. 머리가 없는 유령들이 왔다 갔다 했다. 나는 기겁했다. 무서워서 한 발자국도 움직일 수 없었다. 심장은 쿵쾅거렸다. 사지가 벌벌 떨렸다. 아무것도 할 수 없어서 그 자리에 그냥 서 있었다.

갑자기 문이 열리고 총무가 나왔다. 방 안에 있는 불빛이 유령들을 비추었다. 자세히 보니 유령들은 호텔 경비를 서는 사람들이었다. 하얀 옷을 입은 경비는 얼굴이 까만 피부여서 보이지 않고, 하얀 옷만 보였기 때문이다.

"두려워하지 말라 내가 너와 함께 함이니라"
(이사야서 41:10)

인생 여정

1973년도의 의무 근무대는 열악한 조건에서 진료를 수행하고 있었다. 우리 사단은 훈련사단이라 계속된 훈련으로 허리, 다리, 팔 등이 아픈 환자가 속출했다. 사단 의무대에는 항상 환자들이 가득했다. 입실 환자 대부분이 몸의 일부분만 아파서 먹고 마시는 데는 지장이 없었다. 환자 대부분이 20대 초반이어서 유난히 음식 탐이 많았다. 변소는 넘치고 위생 상태는 최악이었다.

그때에 휴가에서 복귀한 사병이 휴가 중에 발목을 삐었는데, 침을 맞고 나았다는 것이다. 침 맞은 후 즉시 나아서 한의원에서 걸어 나왔다고 했다. 그래서 나는 힘들겠지만 한방 병원을 만들겠다고 결심했다. 당장 상급 부대에 건의해서 한의대를 나온 사병 2명을 추천받았다.

한의사는 확보됐으니, 침과 양도락기를 비롯해 간단한 약들이 필요했다. 전임해서 온 한의사의 말을 듣고, 서울시 한의사협회를 찾아갔다. 거기서 처음 최 박사를 만났다. 그는 서울시 한의사협회장이었다. 통이 큰 최 박사는 침과 약을 포함하여 한방 치료기구 일체를 사단 의무대에 기증해 주었다. 사단 의무대는 한방

병원 개설로 정형외과 환자들을 조기에 치료하여 군 전력화에 기여했다. 그리고 군인 가족 진료, 대민 진료에 큰 도움을 주었다.

최 박사는 당시 '대한민국 의사 100선'에 등재된 것으로 알려졌다. 최 박사가 운영하는 한방병원에 가 보았다. 그리 넓지 않은 공간이지만, 환자들이 매일 꽉 차 있었다. 돈도 많이 벌었다. 그는 평창동의 5층 가옥에 살았다.

한번은 진료를 마칠 즈음, 그의 한방병원에 들렀다. 나에게 조금 기다리라고 했다. 진료실 안쪽에 사람만 있는 대형 책상이 놓여 있었다. 양복으로 옷을 갈아입더니, 책상 서랍을 열고 양복 호주머니 두 곳에 만 원권 지폐를 계속 넣었다. 내가 보니 서랍마다 만 원권 지폐가 가득 차 있었다.

최 박사는 낚시를 좋아했다. 주로 주말에는 낚시를 했다. 그러다 보니 여러 낚시 일화도 남겼다. 한번은 신안 앞바다에서 배를 타고 낚시를 하고 있었다. 그때에 한 섬에서 취식할 것을 마친 멧돼지가 헤엄을 쳐 다른 섬으로 이동하고 있었다.

최 박사는 즉시 선장에게 물속에서 헤엄치고 있는 멧돼지를 들이받으라고 지시했다. 최 박사의 거듭되는 요청에 하는 수 없이 선장은 배가 부서질 각오로 멧돼지를 들이받았다. 멧돼지는 즉사했다. 물고기는 못 잡고 멧돼지 고기로 포식했다고 했다. 몹시 가문 7월 어느 날, 무인도에 낚시 갔다가 너무 더워서 샘물가에서 물을 마시고 쉬고 있었다. 그런데 커다란 구렁이가 샘물가 나무 위에서 일행을 쳐다보고 있었다. 그는 겁도 없이 즉시 잡아가지고 왔다고 했다.

나는 최 박사 덕택에 영양 보충을 많이 했다. 한번은 동대문 시장을 지날 때였다. 날씨도 쌀쌀한 오후 시간에 할머니 한 분이 산낙지를 팔고 있었다. 최 박사가 값이 얼마냐고 물었다. 한 마리에 8,000원이라고 했다. 전부는 얼마냐고 재차 물었다. 20만 원이라고 했다. 낙지 20마리를 다 샀다. 고흥 녹동에 갔다. 부두 인근에서 한 아주머니가 대형 광어를 팔고 있었다. 값을 물어보고 즉시 구매했다. 무슨 맛있는 음식이나 회식 자리가 생기면, 꼭 내게 전화하여 불러냈다. 내가 조심스럽게 음식에 대해서 물어보았다. 그는 좋은 음식이나 약재가 발견되면, 대출을 받아서라도 사 먹어야 한다고 했다. 무주에서 흑질백사를 잡았다고 연락이 왔단다. 밤중에 400만 원을 주고 고아 먹고 왔다고 했다.

최 박사는 어릴 때 천연두에 걸렸는데, 당시에는 의료 환경이 나빠서 치료를 받지 못했다 했다. 온몸에 발진이 생기고 열이 심해지자, 다른 가족에게 전염될 우려가 있대서 산에 버림을 당했다고 한다. 그런데 큰누나가 불쌍히 여겨서 몰래 뒷방으로 데리고 들어와 지극정성을 다해 살렸다고 한다. 그래서 평생 살면서 누나를 잊지 못한다고 했다.

어려운 어린 시절을 보내서인지, 그는 정이 많았다. 낚시를 갈 때도 거의 모든 경비를 혼자서 부담했다. 특히 나에게는 과하게 잘해주었다. 지금도 동묘 앞을 지날 때엔 과거의 추억이 문득문득 생각난다. 그분이 저세상으로 가시기 전에 내가 크게 한 번이라도 기쁘게 해 드리지 못한 것이 못내 아쉽다.

"우리 주의 은혜가 그리스도 예수 안에 있는 믿음과 사랑과 함께 넘치도록 풍성하였도다"

(디모데전서 1:14)

6장

길 위에서

변두리
궁전
모자 위의 마스크
분노
괜찮아요
교만
모범생
겸손

속옷
힘
양보
화(禍)
짐
계획
사랑과 욕심

변두리

며칠 전 대구시 달성군의 한 저수지 빙판 위에 중학생 열한 명이 놀던 중 얼음이 깨져 여섯 명이 물에 빠졌다. 여섯 명 가운데 다섯 명은 물 밖으로 나왔고, 물에 빠져있던 한 명은 119 구조대가 구조해 병원으로 옮겼지만 숨졌다고 한다. 참으로 안타까웠다.

내가 초등학교 3학년 때였다. 동네 옆을 흐르는 큰 냇가엔 마을에 살고 있는 모든 아이들이 다 모여드는 놀이터였다. 나무로 만들고 밑에 철사를 붙여 만든 썰매를 타는 소수의 아이들과 썰매도 없이 얼음 위에서 장난치는 대부분의 아이들로 혼잡했다. 대부분이 초등학생들이었다. 중고생 형들이나 어른들은 거의 없었고, 여자애들도 없었다. 겨우내 얼음 위에서 재미있게 지냈다. 얼음 위에서는 놀이라기보다는 한데 어울려 뛰어다녔다.

3월이 다가오고 있었다. 봄이 오면서 기온이 올라가면, 얼음은 속에서부터 녹는다. 어렸던 우리는 얼음지치기에 바빠서, 얼음이 녹고 있다는 것을 전혀 알아차리지 못했다. 놀이에만 빠져서 다른 생각을 할 겨를이 없었다. 나는 도망치고, 친구는 체포조였다. 나는 갈지자로 도망치다가 체포조인 친구가 가까이 오면 재빨리

도망쳤다. 무지하게 재미있었다.

　체포조 친구가 내 가까이 다가왔으므로, 전속력으로 냇가 중앙을 향해 달아났다. 그때였다. 찌이익 찌이익 얼음 깨지는 소리가 들렸다. 뚝에 앉아 있던 고학년 형들이 소리 질렀다. 우측가로! 우측가로! 그러나 내 귀에는 무슨 소리인지 잘 들리지 않았다. 그 순간 얼음이 깨지면서 갈라지기 시작했다. 나는 물에 빠지지 않으려고 중앙으로만 달려갔다. 변두리로 나가야 하는데, 반대로 달려간 것이다.

　우지직 우지직 얼음이 갈라지면서 그만 물에 빠지고 말았다. 농사철에는 물이 많은데 갈수기라 물이 가슴팍까지 잠겼다. 나는 얕은 물가로 나왔다. 온몸은 흠뻑 젖었고 추워서 견딜 수가 없었다. 젖은 몸으로 물을 질질 흘리면서 집으로 갔다. 그때 비로소 고학년 형들이 소리치는 이유를 알았다. '우측 얕은 곳으로 가면, 조금만 젖었을 텐데' 나를 위한 도움의 소리라는 것을.

　이곳에 이사 온 지도 1년이 지났다. 여기서 몇몇 사람을 만났다. 첫 만남과 첫 마디는 '어디서 이사 왔느냐?'였다. 두 번째는 '이곳은 서울의 변두리지만, 공기 하나는 좋다'였다. 나는 속으로 읊조렸다. '변두리여서 좋은 것도 있구나!'

"너희가 그리스도 예수를 주로 받았으니 그 안에서 행하되

그 안에 뿌리를 박으며 세움을 받아

교훈을 받은 대로 믿음에 굳게 서서

감사함을 넘치게 하라"

(골로새서 2:6-7)

궁전

2023년 9월 아내와 나는 새로 이사하게 될 지역에 탐방을 나갔다. 큰딸이 자기 집 가까운 곳으로 이사 오기를 바랐기 때문이다. 서울은 여건상 어려울 것 같아 큰딸 집에서 세 정거장 떨어진 곳을 알아보았다.

큰딸이 말한 부동산에 들러서 세 곳을 보았다. 그런데 아내는 탐탁지 않게 생각했다. 부동산에서는 마지막 한 곳이 있는데, 그 집은 값을 높게 부른다는 것이었다. 이왕 왔으니 보고 가자고 했다.

그 집에 가 보니 집은 깨끗했다. 남쪽은 잔디 구장으로 되어 있고, 구장 끝에 냇가가 있었다. 한쪽 일부에 아파트가 있지만, 남쪽으로 툭 터진 저 너머에 푸른 소나무 숲이 펼쳐져 있었다. 북쪽엔 어린이 놀이터가 있고, 공터로 연결되어 있었다.

아내는 이 집을 계약하자고 했다. 내가 생각하기에도 읍사무소와 가깝고, 전철역과도 멀지 않아 대중교통 이용에 편리함이 있었다. 반경 300m 거리에 도서관이 있는 것도 마음에 들었다.

아내에겐 약간의 폐쇄공포증이 있다. 폐쇄공포증은 좁은 공간에 있을 때 공포를 느끼는 질환으로, 비좁거나 막혀있는 공간, 쉽게 빠져나갈 수 없는 공간에 있으면 극도의 공포심이 느껴져서 가슴이 빠르게 뛰고 심한 경우에는 소리를 지르거나 기절하는 경우도 있다. 즉 좁은 공간이 아니라고 해도 외부와 차단된 느낌을 받을 때 공포가 심해지기 때문에 일상생활에 큰 불편을 느낀다(해오름정신발달센터).

아내는 아파트 단지 안에서 다른 아파트가 우리 아파트를 가로막고 있으면, 항상 답답함을 느꼈다. 그런 와중에 아파트를 고르게 된 것이었다. 마지막에 들른 아파트로 결정하고 말았다. 시세보다 천만 원 비싼 노후 아파트를 사서 이사했다. 앞이 툭 트여 개방감이 있고 남향이어서 햇빛이 하루 종일 거실로 들어오는 집이었다. 아내는 무슨 궁전이라도 획득한 것처럼 좋아했다.

이사 온 지 일 년도 안 되어 집값은 이천만 원이 떨어져 도합 삼천만 원의 손해를 본 것이었다. 그러나 아내는 주변의 경치를 바라보며 콧노래를 부르곤 한다. 하긴 지금 사는 데 만족하면 됐지, 그깟 부동산 시세가 뭐 대수겠는가.

"즐거운 곳에서는 날오라 하여도
내쉴 곳은 작은 집 내 집뿐이라
내 나라 내 기쁨 길이 쉴 곳도

꽃 피고 새 우는 내 집뿐이리
오 사랑 나의 집 즐거운 나의 벗 집 내 집뿐이리"
(존 하워드 페인)

모자 위의 마스크

코로나가 중국에서 창궐하여 우리나라에도 맹위를 떨쳤다. 외출할 때에는 마스크를 하고, 안주머니에 예비 마스크를 준비하고 나갔다. 아동 안전 지킴이는 초등학교 학생들과 접촉하는 시간이 많으므로, 항상 마스크 착용을 해야 했다. 매일 초등학교를 포함하여 동네의 외진 곳, 은폐된 곳 등 주변 반경 2km를 3시간 동안 순찰하는 것이 임무다. 혹시 모를 초등학생들의 사고를 미연에 방지하기 위해서다.

우리가 관할하는 학교는 골프장 남쪽에 위치해 있고, 학교 앞과 옆으로는 큰 도로가 있다. 남쪽으로 육교를 건너면 들판이 있고, 냇가가 굽이져 흐르고 있다.

초등학교 진입로만 30도 정도 경사가 졌을 뿐 나머지 지역은 평지나 다름없다. 따라서 아동 안전 지킴이 근무는 수월했다. 규정된 모자와 초록색 제복을 입고 오후 1시까지 출근한다. 초등학생들의 학원버스 승차를 봐주고, 뛰어다니는 학생들이 다치지 않게 살펴주며, 학교 주위에 있는 마을들을 순찰하다 보면 하루가 지나간다.

한 달에 한 번씩 관할 경찰서에서 교육 점검차 나오는 날이 있다. 교육 점검을 나오는 날엔 근무자들에게 간단한 교육을 시키고 근무 상태를 점검하고 돌아간다. 그날도 경찰서에서 점검을 나온다고 했다. 있는 그대로 보여주면 되기 때문에, 특별히 준비할 것은 없었다. 시간에 맞추어 대기하고 있는데, 담당 경찰 2명이 나타났다.

그런데 무언가 허전한 느낌이 들었다. 매일 근무시간에 착용하고 있던 마스크가 없어졌다. 항상 안주머니에 비상용으로 가지고 다니던 마스크를 찾아보았다. 그런데 비상용 마스크도 없었다. 하는 수 없이 마스크를 쓰지 않고 담당 경찰에게로 갔다.

근무자는 세 사람이었는데, 두 사람은 마스크를 착용하고 나는 마스크를 착용하지 않고 그냥 갔다. 그때 경찰 한 명이 나를 보더니 웃음 띤 얼굴로 말했다.

"선생님은 왜 마스크를 모자 위에 올려놓고 다니세요?"

그렇게 찾았던 마스크가 모자 위에 있었다. 땅에 떨어지지 않으려는 듯, 모자를 꽉 붙잡은 채로.

"그가 행하신 일과 그들에게 보이신
기이한 일을 잊었도다"

(시편 78:11)

분노

 분노는 분하여 몹시 화가 나 있는 상태를 말한다. 또한 분노는 자신의 욕구 실현이 저지당하거나 어떤 일을 강요당했을 때, 이에 저항하기 위해 생기는 부정적인 감정 상태인 것이다. 증오, 애증, 원망, 질투, 불쾌, 권태 등이 분노의 종류에 속한다.

 성경은 분노를 삼가고 마음을 지킬 것을 경고한다. 그러나 불의를 향한 분노는 하나님의 공의를 이루는 의로운 분노로, 선한 것으로 간주한다. 사람의 분노는 하나님의 의를 이루지 못하는 반면, 하나님의 분노는 하나님의 공의로운 뜻을 이루신다.

 1월 16일 목요일에 지하철 4호선을 탔다. 쌍문역에서 배낭을 멘 나와 비슷한 나이로 보이는 사람이 열린 문으로 들어오고 있었다. 그가 내 옆 좌석에 앉을 것에 대비해 나는 좌석 좌측 문쪽으로 바짝 당기어 앉았다. 그런데 이 사람이 나의 오른쪽 어깨 위에 엉덩이를 올려놓고 미끄러지듯이 가운데 좌석에 앉았다. 나는 기분이 조금 나빴지만, 내색하지 않고 조용히 앉아 있었다. 원래 가운데 좌석은 약간 비좁은 면이 있었다. 그 사람은 체구도 큰 데다 배낭까지 메고 있어서 비좁은 좌석이 더 좁게 느껴졌다.

그때였다. 그가 나를 향해 큰 소리로 호통을 쳤다. "다리를 오므려야지 내가 힘들잖아." 나는 상대방을 배려하며 힘들게 좁혀서 앉아 있는데, 적반하장 격이었다. 그런데 나에게 계속 잔소리를 했다. 그러더니 "너 몇 살이냐?" 취조하듯 시비를 걸었다. 참고 있던 나는 화가 머리끝까지 치밀었다. 나는 그 사람에게 "너는 몇 살이냐?"고 큰소리로 대꾸했다. 나의 목소리가 컸던지 그 사람은 잠시 움찔했다.

거기에 더 앉아 있으면 싸울 것 같아서 나는 자리에서 일어나 지하철 두 칸 떨어진 곳에 자리 잡았다. 속이 편하지 않았다. 조금 더 참았으면 될 것을 분을 삭이지 못하고 언성을 높인 것이 마음에 걸렸다. 나의 마음 수련은 언제쯤 되어야 완성될까?

"노하는 자는 다툼을 일으키고
성내는 자는 범죄함이 많으니라"

(잠언 29:22)

괜찮아요

2023년 9월 말이었다. 그날은 유난히 바쁜 하루였다. 오후 6시경에 집에 오니, 막내딸이 이마트에 물건을 사러 가자고 했다. 딸 다은이는 이마트에 들르고, 나는 농협 통장 정리할 일이 있었다.

농협 상가 주차장은 물론이고 차가 다니는 도로변까지 차가 빽빽이 주차되어 있었다. 내 차는 승합차라 폭이 승용차보다 넓었다. 그래서 조심조심 비좁은 통로를 저속으로 운행했다. 좌회전을 하고 보니, 우측 건물 밑에 불법주차 차량이 가로막고 있어 운전하기가 몹시 잠들었다. 그래도 잘하면 나갈 수 있을 것 같았다. 아주 느리게 천천히 운전하여 좌측으로 나갈 때였다. 우지직 자동차 부딪히는 소리가 났다. 내 차가 우측 건물 밑에 주차한 차를 피하려다 좌측에 주차한 차량 우측을 받아 버린 것이었다.

주차장 옆에 있는 공터에 차를 세우고 받힌 차량으로 달려갔다. 조수석 앞 유리창에 운전자 전화번호가 눈에 띄어서 전화를 했다. 그 옆에 있는 건물에 거주하는지 차주는 10분도 되지 않아서 달려왔다. 서른 살쯤으로 보이는 아가씨였다. 나는 자초지종을 이야기하고 얼마나 변상하면 되겠느냐고 물었다. 그러자 그

아가씨는 자기 차를 한번 둘러보더니, 자기는 잘 모르겠다고 아버지에게 여쭈어보겠다고 하면서 잠시만 기다리라고 했다.

기다리는 동안 나는 별의별 생각이 다 들었다. 터무니없이 많은 비용을 부르면 어찌할 것인가? 부딪힌 차를 다시 보니, 최하 오십만 원은 견적이 나올 것 같았다. 전화가 끝난 후에 그 아가씨는 아버지가 그러시는데 이십만 원을 받으라고 했단다.

"잘 알았습니다. 이십만 원 드리겠습니다."

그런데 아가씨는 다시 한 번 받힌 차를 살피더니, 정정해서 말했다.

"그냥 십만 원만 주세요, 남의 차를 받아놓고 그냥 가는 사람도 많은데, 아저씨는 저에게 연락을 주셨잖아요."

안심과 감동이 동시에 몰려왔다. 나도 모르게 '고맙습니다! 고맙습니다!'라고 하면서 십만 원을 그 아가씨에게 건넸다. 그러자 아가씨는 '괜찮아요. 안녕히 가세요!'라고 인사한 뒤, 옆에 있는 건물로 들어갔다. 선한 마음을 가진 차주를 만나게 해 주신 하나님의 도우심에 크게 감사함을 느꼈다.

"너희는 마음에 근심하지 말라"

(요한복음 14:1)

교만

교만은 겸손의 반대어로 잘난 체하며 방자하고 버릇이 없음을 일컫는 말이다. 남을 깔보고 자신을 높게 평가하여 쉽게 우쭐거리는 마음을 말한다(두산백과).

하나님께서 가장 싫어하는 죄는 바로 교만이다. 구약성경 속 최대의 죄도 역시 교만이다. 교만한 사람은 바로 멸망하게 되고, 있는 것도 빼앗기며, 쫓겨나기 쉽다고 교훈한다.

김의신 박사는 미국의 암센터 MD 엔더슨에서 32년 동안 재직했다. 그는 미국 의사들이 뽑은 '미국 최고의 의사'에 11차례 선정되었다. 이분에게 기자들이 물었다. "가장 고치기 힘든 암 환자는 어떤 사람입니까?" 그러자 김의신 박사가 말했다.

"의사, 교수, 변호사 그리고 검사 등의 직업을 가진 사람들입니다. 이들은 마음을 편하게 먹고 적극적으로 치료에 임하라고 말하면 잘 따르지 않습니다. 진단 결과가 앞으로 어떻게 치료가 진행될 것을 설명하면, 속으로 '나도 압니다'라고 생각합니다. 때로는 자기들 생각과 다르면 꼬투리를 잡고 따집니다. 이런 사람들은 대체로 치료가 잘 안됩니다."

2015년도의 일이다. 합정동에 있는 집을 매각하게 되었다. 집 부근에 있는 부동산에 들러서 집을 내놓았다. 그때 부동산 사장이 이것저것 물어보았다. 나는 건성으로 대답했고, 쉽사리 매각이 성사되었다. 그 대금으로 빚을 갚고, 독립 건물 2층을 전세 내어 교회를 세웠다. 3천여만 원의 승합차를 구입했다. 남은 돈 5천만 원은 통장에 입금시켰다. 연금이 나오니까, 급할 때 사용할 요량이었다.

약 한 달간 외출하고 집에 돌아오니, 등기우편이 와 있었다. 아무 생각 없이 우편물을 개봉했다. 청천벽력 같은 통지서가 들어있었다. 15일 이내에 양도 소득세 4,500만 원을 납부하라는 세무서 통지문이었다. 나의 교만이 부른 참사였다.

부천에 있는 집을 먼저 매각해야 하는데, 잘 알지도 못하면서 서울 집을 먼저 매각한 것이었다. 부천 집은 10년 이상 살았기 때문에, 세금이 거의 없었다. 부동산에서 여러 가지를 질문했을 때 자세히 듣고 대처해야 했다. 부동산에 대해서 잘 알지도 못하면서, '나도 당신만큼은 알아'라고 교만한 마음이 작동한 것이었다. 마음속에 가득한 교만이 문제가 된 것이었다. '후회는 아무리 빨리해도 늦는다'는 말이 떠올랐다.

"교만은 패망의 선봉이요 거만한 마음은 넘어짐의 앞잡이니라

겸손한 자와 함께하여 마음을 낮추는 것이
교만한 자와 함께하여 탈취물을 나누는 것보다 나으니라"
(잠언 16:18-19)

모범생

　보훈병원에서 진료를 받기 위해 순번표를 받고 접수실 전면 의자에 앉아 있었다. 나보다 먼저 온 많은 환자들이 대기하고 있었다. 나는 벌써 20분 넘게 기다렸다. 그러나 아직도 내 차례까지는 많이 남았다.

　그때였다. 내 옆에 계시는 할머니가 말을 걸어왔다. 자기는 85세라고 했다. 나는 75세라고 소개했다. 그러자 그분의 말문이 터졌다. 나이 들어서 만난 남편 이야기를 했다. 같이 동거한 지가 10년이 넘었다고 했다. 그리고 물어보지도 않았는데, 혼인신고도 하지 않고 살고 있다고 했다.

　남편이 보훈병원에 입원한 지는 1년이 넘었다고 했다. 자기가 계속 뒷바라지를 했는데, 최근 들어서 무엇 때문인지는 몰라도 남편이 병원에 오지 말라고 했단다. 그래서 병원에 온 김에 자기도 아픈 곳 진료를 한번 받아 보고 싶어서 진료 신청을 결심했다고 했다.

　그런데 당일 진료는 대기 시간이 너무 길어서 마냥 기다릴 수밖에 없었다. 나는 딱한 생각이 들어서 아픈 부위를 물어보았다. 무릎이 아프고, 어깻죽지가 결리고, 손목도 아프고, 가슴도 결리고 등등 아픈 곳을 나열하는데 온몸이 다 아픈 곳이었다.

"어르신! 그렇게 아프시면 의사에게 진료받을 때 다 잊어버립니다. 아픈 곳을 종이에 적어 가지고, 진료받을 때 제출하시거나 말씀하세요."

할머니는 내 말이 떨어지자마자, 낡은 가방에서 조그마한 수첩과 볼펜을 꺼내더니 기록하기 시작했다. 글씨 한자 한자를 정자로 써 내려가는데, 필체가 아주 좋았다. 목소리도 맑았다. '이분, 학교 다닐 때 공부를 잘하셨겠네.' 나는 속으로 생각했다.

할머니는 조그마한 수첩 한 면을 가득 채웠다. 많이도 아픈 모양이다. 갑자기 가여운 생각이 들었다. 오로지 남편 아닌 남편만 섬기면서, 자신의 아픈 몸은 방치한 것이다. 전형적인 한국의 여성상을 보는 듯했다. 내가 아픈 곳을 기록해서 진료받을 때 가져가라는 제안을 드리자마자, 즉시 시행하는 모범생 할머니였다.

"늙을 때에 나를 버리지 마시며
힘이 쇠약할 때에 나를 떠나지 마소서"
(시편 1:9)

겸손

'진심에서 우러나오는 겸손은 반드시 사람의 마음을 이끈다'(톨스토이)

겸손한 사람은 자신의 잘못을 인정하고 한계를 받아들인다. 지적인 탐구라는 장작더미를 많이 쌓아 올린 사람들보다 풀뿌리와 같은 겸손한 사람들이 훨씬 더 자신을 사랑으로 불태울 줄 안다.

성경에서 말하는 겸손은 온유함, 낮아짐 그리고 자기 의가 없는 상태이다. 겸손은 단순히 외적으로 드러나는 태도를 말하는 것이 아니라, 마음가짐을 말하는 것이다.

고등학교 입학시험이 있는 전날, 교인으로부터 소개받은 전주 시내에 있는 집에서 1박을 하고 다음 날 시험을 치렀다. 마침 그 집 주인의 친척인 학생이 나와 같은 고등학교에 시험을 보기 위해 같은 방에 유숙하게 되었다. 자연스레 대화가 이루어졌다. 그는 말하는 입장이고, 나는 듣는 입장이었다. 그는 김제 읍내에서 제일 좋은 중학교에 다녔고, 과외도 많이 받았다고 했다. 한마디로 시험에 자신감을 보였다. 나는 과외 한 번 안 했고, 자신도 없었다. 그리고 전주는 생전 처음으로 와 본 곳이었다. 그의 이야기를 듣고서 실망감이 앞섰다. 밤새 여러 가지 상념으로 잠을 이룰 수 없었다.

다음 날 아침을 간단히 먹고 시험장에 갔다. 멍한 상태에서 시험지를 받았다. 그런데 수학과 과학에서 아는 문제가 별로 없었다. 착잡한 마음으로 창문만 바라보았다. 시험을 마치고 집으로 가기 위해서 숙소에 들렀더니, 같이 시험을 치른 그 학생이 자신만만하게 시험을 잘 봤다고 으스댔다. 나는 위축되어서 자그마한 어깨가 더욱 움츠러드는 것 같았다. 그리고 짐을 챙겨서 집으로 돌아왔다.

집에 와서 아무 말도 없이 시무룩한 나를 보고 동네 사람들과 식구들은 '그러면 그렇지, 개천에서 용이 나오겠냐'라는 표정들을 지었다. 힘이 빠진 채 숨죽이는 며칠이 지나갔다. 중학교에서 연락이 왔다. '축 합격'이라고, 그러자 동네 사람들은 다 같이 말했다. '개천에서 용 나왔다'라고, 내가 합격한 것은 전적인 하나님의 은혜였다. 전능하신 하나님께선 그들 앞에서 풀이 죽은 나를 일으켜 세워 주셨다.

"나는 마음이 온유하고 겸손하니
나의 멍에를 메고 내게 배우라"
(마태복음 11:29)

속옷

2016년 초겨울이었다. 광화문 지하철역 8번 출구를 나왔다. 친구 만날 시간이 20분 정도 남았다. 출구 대각선에 1톤 트럭이 있었고, 그 옆에 겨울 내의를 진열해 놓고 파는 노점상이 있었다.

하늘은 흐리고 칼칼한 겨울바람 때문인지, 몸에 한기가 스몄다. 점심시간이 지난 후여서 지나가는 사람도 별로 없었다. 키가 작고 호리호리한 노점상 주인은 양손을 호주머니에 넣은 채로 트럭 주위만 왔다 갔다 맴돌았다. 나는 국민은행 주차장 벽에 기대어 그곳을 바라보고 있었다.

도대체 무슨 내의를 팔고 있는지 궁금해서 가까이 가서 살펴보았다. 내가 다가서자, 노점상 주민은 반색을 하며 옷이 따뜻하고 알아주는 메이커 제품이라고 했다. 그런데 회사가 부도가 나서 싼 가격으로 판다고 했다. 옷에 붙은 상표를 보니 처음 보는 생소한 것이었다.

날씨가 겨울 내의를 입으라는 신호를 계속 보내고 있었다. 내 몸 사이즈에 맞는 내의 한 벌을 샀다. 며칠 있다가 날씨가 더 추워져서 산 옷을 입으려고 포장을 뜯었다. 그런데 무언가 이상했다. 상의는 그냥 입어도 되겠는데, 하의는 입기가 곤란했다. 있어야 할 것이 없었다. 하는 수 없이 수선집에 갔다. 남자 내의로 고쳐 달라고 했다. 처음에는 무엇을 말하는지 몰라서 어리둥절했다. 조금 지나서 옷 상태를 파악하고선 뒤로 넘어갈 듯 웃는 것이었다. 수선집을 30년 넘게 했지만, 이런 수주는 처음이라고 했다. 만 원을 받아야 하는데 5천 원만 내라고 했다. 옷을 맡기고 나오는데, 수선집 주인의 웃음소리가 내 귀를 간지럽혔다.

나는 실수투성이의 인생을 살고 있다. 추운 날씨에 안 팔리는 노점상 주인을 돈 벌게 해 주어서 좋고, 나는 따뜻한 옷으로 겨울을 나서 좋다고 생각했다. 누이 좋고 매부 좋은 일을 한다고 했는데, 동네 사람의 웃음거리가 된 것이다.

"또한 어떤 사람에게든지 하나님이 재물과 부모를
그에게 주사 능히 누리게 하시며 제 몫을 받아
수고함으로 즐거워하게 하신 것은 하나님의 선물이라"

(전도서 5:19)

힘

 힘이란 사람이나 동물이 몸에 갖추고 있으면서 스스로 움직이거나 다른 물건을 움직이게 하는 근육 작용을 말한다. 통상 어떤 일을 할 수 있는 능력이나 역량을 말한다.

 소, 염소, 사슴 등의 머리에 솟은 단단하고 뾰족한 구조인 뿔은 동물의 관자나 정수리에 불쑥 솟은 부분을 말한다. 사슴 녹용은 두개골 뼈가 변형된 것이다. 소과 동물 역시 두개골이 변형돼 뼈가 되지만, 윗부분은 게라틴 성분이다. 코뿔소의 서각은 전부 게라틴 성분이고, 공룡의 뿔은 뼈로 되어 있다. 오사콘이라 하는 기린의 뿔은 두개골이 융기한 것으로 피부로 덮혀 있다. 또한 신경과 혈관이 분포돼 있다. 뿔은 나서부터 자라기 시작하여 동물의 일생 동안 계속 자란다.

 지구촌에 사는 대부분의 종들 가운데 오직 수컷에게만 뿔이 있다. 뿔은 수컷이 짝을 얻기 위해 다른 수컷과 싸울 때 주로 사용한다. 뿔은 대부분 초식동물에 나 있다. 날카로운 이빨과 발톱을 가진 육식동물의 공격으로부터 자신을 방어하기 위해서다. 하지만 뿔은 방어에 유리할 뿐, 공격에는 매우 불리한 기관이다.

동물의 뼈는 다양한 용도로 쓰인다. 소뿔은 활의 재료와 화각 공예로, 사슴과 코뿔소 뿔은 약재로도 사용되며, 그 외에 악기에도 소용된다.

하지만 인간에게는 뿔이 없다. 그리고 육식동물에게 있는 날카로운 치아와 발톱도 없다. 인간은 탁월한 지혜와 손놀림으로 도구를 만들어서, 그 편리함과 성능으로 만물을 지배해 왔다.

도구는 어떤 일을 할 때 사용되는 소규모 장치다. 도구에는 잘라내기(칼, 톱, 가위 등), 힘을 집중시키기(망치, 나사, 드라이버 등), 안내하기(자, 삼각자 등), 보호하기(장갑, 갑옷 등) 등 셀 수 없이 많은 기능이 있다. 도구의 사용은 노력과 시간을 덜 들이고 편하게 일을 할 수 있게 해준다. 인류가 최초로 도구를 사용하기 시작한 것은 약 250만 년 전으로 추정된다. 이때부터 인류는 도구를 사용하여 자연을 지배하고 삶을 편리하게 만들어 왔다.

산업혁명은 도구 사용에 변곡점이 되었다. 이후 기계화와 자동화가 도입되어 인간의 노동 생산성이 더욱 향상되었다. 인류학자들은 도구의 이용이 인류 진화의 중요한 단계였다고 믿고 있다.

나는 태어날 때부터 건강한 체질이 아니었다. 큰 병은 없었지만, 그리 튼튼하지도 않았다. 또한 기구나 기계도 잘 다루지 못했다. 그러나 하나님은 나에게 군대 생활을 통하여 혹독한 훈련을 받게 하셨다. 나약했던 나의 몸은 규칙적인 군대 식사와 강력한 훈련으로 건강해졌다.

  점차 진급이 되면서 수하에 있는 장병들이 계속 늘어났다. 장병들은 겉으로 보기에는 비슷비슷하지만, 실제로 내면으로 들어가 보면 각기 다르다. 장병 개개인은 각기 다른 능력을 소유하고 있었다. 선천적으로 육체적인 기술을 보유한 자, 기구와 기계를 자유자재로 다루는 자, 악기를 잘 다루는 자, 가구 제작에 소질이 있는 자. 총기를 잘 다루는 자 등등. 별의별 능력을 소유한 자가 많았다.

  나는 별다른 능력이라곤 없었지만, 군대 지휘 체계를 이용하여 그들의 능력을 활용할 수 있었다. 하나님은 그들의 탁월한 능력을 나의 능력으로 만들어 주신 것이다.

"여호와는 지혜를 주시며 지식과 명철을
그 입에서 내신다"

(잠언2:6)

양보

지하철 7호선 노원역에서 내리려고 중계역에서 미리 일어나 내릴 준비를 했다. 노원역에 내리려고 하는데, 타려고 하는 사람들이 문 좌측에 무질서하게 서 있었다. 다행히 내 앞에는 아무도 없어서 기차가 정차하자 동시에 내리는데, 내 옆 좌측에서 내리려고 하는 20대 아가씨가 내 앞으로 발을 내밀어서 나와 조금 마찰이 생겼다. 나는 불쾌했다. 자기가 내리는 곳 앞에 사람이 있으면 조금 기다리던지 할 것이지, 옆 사람이 내리는 곳에 발을 내딛는 것이 기분 나빴다.

그런데 그 아가씨가 내 얼굴을 빤히 쳐다보며 '왜 밀어요?' 하는 것이었다. 자기가 발을 내 앞에 디밀고서 적반하장 격으로 왜 미냐고? 나는 성질이 나서 왜 내 앞에 새치기하느냐고 말했다. 그러자 그는 끝까지 자기가 잘했다고 했다. 그러자 잔뜩 화가 난 나는 나도 모르게 '이런!' 하면서 때리려는 시늉을 하다 말았다. 그러자 그 아가씨는 내가 자기를 때렸다고 큰소리로 떠들었다. 마침 아내와 동행했기 때문에 때렸다는 억지는 통하지 않았지만, 몹시 분통이 터졌다.

요즘 나는 큰사위가 운영하는 스터디카페 관리로 매일 지하철을 이용하고 있다. 혼잡한 시간대의 지하철 이용은 불편한 것이 다반사다. 할머니가 새치기하는 것은 아예 모른 체한다. 그러나 젊은 사람이 새치기하는 모습은 어쩐지 보기 흉했다. 그래서 인상을 쓰고 다시 한 번 쳐다보게 된다.

지하철 노인석에 세 사람이 앉게 되어 있다. 그러나 좌석이 약간 좁아서 불편하다. 그래서 노인석에 타게 되면 좌측 좌석이나 우측 좌석을 선호한다. 문제는 가운데 좌석이다. 요즈음에는 늦게 가운데 앉는 사람이 엉덩이만 의자에 살짝 걸치고 가는 경우가 많다. 그래서 좁은 노인 좌석에 세 사람이 앉아서 타고 간다. 그런데 어떤 사람은 늦게 가운데 좌석에 앉으면서 온몸을 비집고 들어가 좌우 좌석에 앉은 사람을 불편하게 한다. 그로 인해 두 사람을 힘들게 한다.

그래도 많은 사람들은 예의를 지키며 좌석 사용을 서로 양보하며 지하철을 기분 좋게 이용하고 있다. 우리 민족은 백의민족이다. 서로 다툴 때 더러운 오물이 하얀 옷에 묻을까 봐, 양보하고 참는 것 같았다. 나도 백의민족 본성을 드러내자.

"남에게 대접을 받고자 하는 대로 너희도 남을 대접하라"
(누가복음 6:31)

화(禍)

 많은 종들 가운데 오직 수컷에게만 뿔이 있다. 뿔은 태어난 이후 자라기 시작하여 동물의 일생 동안 계속 진행된다. 많은 수컷이 짝을 얻기 위해 다른 수컷과 싸우기 위해 주로 사용한다. 또한 종간 경쟁에서 자원을 방어하거나 포식자를 물리치는 데 사용한다. 뿔은 대부분 초식동물에게만 있다. 날카로운 이빨과 발톱을 가진 육식동물의 공격으로부터 방어하기 위해서다. 뿔은 방어에 유리하지만, 공격에는 매우 불리한 기관이다. 육식동물이 공격해 올 때 무서워 머리를 숙일 때 무기가 되는 것이다.

 아는 친구에게서 전화가 왔다. 서울 모 지역에 머리에 뿔이 난 사람이 있다는 것이었다. 마침 시간도 있고 궁금해서 동행하기로 했다. 그곳은 도교 사원이었다. 도교 수장은 뿔은 아닌 것 같은데, 머리 위에 뾰족하게 솟아 오른 부분이 뿔과 유사했다. 막 땅에 솟아오른 왕대나무 죽순의 껍질을 벗기고 잘 다듬은 것과 같은 형태였다. 이것은 뼈 일부분이 기형적으로 튀어나온 것이라고 한다. 다른 말로 피각이라고 한다.

 우리는 화가 단단히 났을 때를 가리켜 뿔이 났다고 한다. 이 말은 화가 났을 때 뇌가 영향을 제일 많이 받기에, 뇌 위에 뿔이 있으므로 뿔이 났다고 하는 것이라고 생각된다. 우리가 인생을 살아가면서 화를 내지 않고 살아가기란 쉽지 않다. 화를 내지 않고 사는 것이 가장 바람직하긴 하지만, 일단 화를 낸 후라면 이를 어떻게 적절히 처리할 것인가가 중요하다. 그렇지 않으면 자신의 정신건강은 물론 대인관계에서 마이너스를 가져오기 때문이다.

화(禍)와 관련된 성경의 가르침은 화 또는 분노 에너지를 잠재우는 데 큰 도움이 될 것이다.

첫째, 쉽게 화를 내지 않아야 한다. '노하기를 더디 하는 것이 사람의 슬기요 허물을 용서하는 것이 자기의 영광이니라'(잠언 19:11) 둘째, 화를 내도 다음 날까지 품지 말아야 한다. '분을 내어도 죄를 짓지 말며 해가 지도록 분을 품지 말고 마귀로 틈을 타지 못하게 하라'(에베소서 4:26-27) 셋째, 상대방을 용서해야 한다. '아무에게나 악으로 악을 갚지 말고 모든 사람 앞에서 선한 일을 도모하라'(로마서 12:17)

화를 쉽게 내지 말고, 오래 품지 말고, 상대방을 용서하면 내게 큰 유익이 된다.

짐

아산병원에서 '골 스캔'이라는 전신 뼈 검사를 하기 위해 정맥주사를 맞고 대기하고 있었다. 창구 접수 직원이 편한 곳에 있다가 3시간 후에 호명하면 오라고 했다. 접수실 앞에 장의자가 2개 있었다. 빈자리가 있어서 거기 앉았다.

조금 있다가 70세 중반을 넘어서는 사람이 옆에 앉았다. 그 사람은 앉자마자 휴대폰을 켜고 큰 소리로 통화를 하기 시작했다. 목소리가 너무 커서 복도 안쪽을 살펴보았다. 조금 떨어진 곳에 좌측에 팔걸이가 있는 의자 3개와 우측에 팔걸이가 있는 의자 3개가 세트로 비치된 의자군이 3군데 있었다. 3시간을 기다려야 하기에 즉시 그리로 옮겼다. 팔걸이가 있는 의자는 아주 편하고 좋았다. 그래서 의자 중앙에 있는 팔걸이 의자에 앉아서 대기하고 있었다.

10분도 되지 않아서 할아버지, 할머니, 40대 딸 등 세 명이 들어왔다. 딸이 내 옆에 앉았기 때문에 왼쪽으로 한 자리 옮겨 앉았다. 그러자 딸이 내가 양보한 의자에 앉아보더니, '아버지, 이 자리에 앉아 보니 팔걸이가 있어서 아주 편해요.' 오려고 하지 않는 아버지를 그녀는 기어이 내 옆자리로 옮겨 앉게 했다. 나는 또 옆자리로 옮겨 앉았다. 빈자리가 생기자, 재빨리 할머니가 와서 앉았다. 할머니는 내가 양보한 자리가 비었다며 딸을 불렀다. 그러자 딸은 들은 척도 하지 않고 스마트폰만 만졌다.

나는 새로운 자리로 옮겼는데, 할아버지와 할머니가 짐을 많이 들고 왔다. 그리고 할아버지와 할머니 사이에 짐을 놓았다. 짐이 한자리를 차지하고 있었다. 할머니가 앉자마자 맨발을 내놓고 발을 긁기 시작했다. 내 쪽으로 발을 향한 채 쉬지 않고 발을 긁었다. 혹시 옮길 만한 곳이 있나 주변을 살폈지만, 이제는 자리가 하나도 남아 있지 않았다.

참고 앉아 있는데, 할머니의 휴대전화 벨이 울렸다. 전화 내용은 잘 모르지만, 말하는 어투로 보아 딸에게서 온 전화 같았다. 본의 아니게 듣게 되었는데, 딸에게 남편을 불량배나 되는 것처럼 흉보며 욕을 해 대는 것이다. 얼마 후에 남편이 CT 촬영을 끝내고 지팡이를 짚고 나타났다. 그리고 몸을 제대로 가누지 못하고 힘겹게 자리에 가서 앉았다. 그러자 할머니는 전화 내용과는 딴판으로 남편을 아주 살갑게 대하는 것이었다. 보이지 않을 때는 욕하고 작은 힘 앞에 벌벌 떠는 것이 우리나라 정치판을 보는 것 같았다.

"너희가 짐을 서로 지라 그리하여
그리스도의 법을 성취하라"
(갈라디아서 6:2)

계획

'한 치 앞을 모르는 게 인생이다'라는 말이 있다. 당장 오늘 무슨 일이 생길지, 내일은 어떤 일이 일어날지 알 수 없다. 늘 안개가 자욱한 길을 걷는 것처럼 불확실성을 안고 살아가는 것이 삶인 듯하다. 갑작스럽게 찾아오는 질병, 가족과 관련된 문제, 경기 침체에 따른 회사의 경영난, 실직 등 여전히 우리가 통제할 수 없는 일들을 마주할 때가 적지 않다. 그리고 이런 불확실성은 삶이 계속되는 한 우리와 함께한다.

2024년 12월까지 거의 10개월 동안 살렘교회 어린이 성경 공부 사역을 마쳤다. 그동안 수고했다고 30만 원을 받았다. 식사를 하고 출발했다. 이면 도로여서 도로가 좁은 데다 차량 통행이 많았다. 교회에서 200m 정도 왔을까. 우측에 빼곡히 차가 주차되어 있었다.

아내에게 오늘 받은 30만 원을 이사한 동생 집에 갈 때 주자고 했다. 바로 그때 맞은편 도로에 승용차가 나타났다. 다가오는 승용차 주위에 주차 공간이 있는데도 불구하고 그 승용차는 내 쪽을 향해 달려오고 있었다.

내가 비켜 주어야만 했다. 나는 조심스럽게 차를 우측으로 붙였다. 내 손에는 30만 원이 들려 있었다. 그때였다. 우지직 차 부딪히는 소리가 들렸다. 앞에 달려오는 차에 양보하려고 우측으로 살짝 붙여 운전한다는 게 우측에 주차되어 있는 승용차를 긁어 버린 것이었다.

나는 주차를 하고 차에서 내렸다. 차를 보니 거의 보이지 않을 정도로 조금 긁혀 있었다. 차 주인에게 20만 원을 주겠다고 했다. 그러나 차 주인은 보험 처리를 하겠다고 협상을 거절했다. 내가 판단하기에는 수리비가 10만 원도 안 나올 것 같은데, 부득불 보험 처리를 하겠단다.

인간은 한 치 앞도 볼 수 없는 존재다. 수고했다고 받은 30만 원을 이사 간 동생에게 주겠다고 말했는데, 5분도 안 되어서 그 돈의 몇 배가 날아가 버린 것이었다.

"사람이 마음으로 자기의 길을 계획할지라도
그의 걸음을 인도하시는 이는 여호와시니라"
(잠언 16:9)

사랑과 욕심

나는 젊었을 때부터 50대에는 어른들을 모시는 요양원을 하고 싶었다. 그래서 요양보호사 학원을 다녀서 자격증을 취득했다. 집 주위에는 요양원이 없어서 멀리 있는 요양원에 취업했다. 나의 꿈은 요양원을 직접 운영하는 것이었다. 그러려면 복지사 자격증도 필요했다. 신학대학원 원장에게 문의하니, 신학대학을 나와서 목사가 되면 복지사 문제는 해결된다고 했다. 하지만 그 말은 거짓이었다. 나를 신학대학에 입학시키기 위한 꼼수였다.

나는 그 말을 믿고 3년제 신학대학을 나와 목사가 되었다. 그러나 복지사 자격증은 부여되지 않았다. 다시 2년을 더 공부해서 복지사 자격증을 획득했다. 하지만 자격증만 획득했지, 실무경험이 전무했다.

그러던 어느 날 국민일보에 ○○요양원에서 협동 목사를 찾는다는 구인 광고가 실렸다. 아내와 같이 강원도 산골에 있는 요양원을 찾아갔다. 이력서를 제출하고 면접을 보았다. 원장 목사는 예배 시간에 설교를 시켰다. 설교는 만족스럽다고 했다. 안산에서 부목사로 시무한 것이 도움이 됐다.

ㅇㅇ요양원의 생활은 여태까지 겪어보지 못한 힘든 나날이었다. 원장 목사는 장애인으로 협동 목사인 나를 인격적으로 무시했다. 자기를 과시하려고 많은 목사들을 초대해서 회식을 하면서 내게 동석 요청을 한 적이 없었다. 월급은 150만 원을 주겠다고 해놓고서는 100만 원만 주었다. 기간이 지나면 150만 원을 준다는 것이었다. 여성 한 분이 식당과 의복을 관리하고 있었다. 환자 식사를 같이 했는데, 반찬은 형편없었다. 원장이 오는 주말은 반찬이 풍성했다. 원장은 나에게 자기가 오는 날은 반찬이 좋을 거라고 비아냥거렸다.

요양원에 있는 사람은 거의 장애인과 환자들뿐이었다. 그중에는 욕창이 심한 환자도 있었다. 의료용 거즈 길이는 2m 정도였다. 거즈에 소독약을 묻혀서 그의 몸속에 밀어 넣으면 다 들어갔다. 매일 그 환자를 그렇게 소독했다. 그것이 나의 일과 중에 큰 부분을 차지했다.

원장은 글을 잘 썼다. 또한 책도 여러 권 출판했다. 원장은 자기 자랑이 심했다. 유명한 부흥강사인 신 목사와 전국을 돌면서 부흥회를 인도했다고 했다. 그리고 나와 단둘이 있을 땐, 신 목사의 비행을 나에게 자주 말하곤 했다. 나는 원장의 사람 대하는 태도를 비롯해 여러 여건이 맞지 않아서 그만두기로 마음먹었다.

나는 원장에게 그만둘 의향을 비쳤다. 그러나 아무 반응이 없었다. 나는 원장에게 그만두겠다고 사직 의사를 분명히 밝혔다.

그러자 원장의 태도가 갑자기 180도로 돌변했다. 눈물까지 글썽이면서 계속 남아 있어 달라고 하소연했다. 그러나 나는 단호하게 그 요양원을 떠났다.

ㅇㅇ요양원에 가기 전에 화천의 한 요양원에 들른 적이 있었다. 거기도 원장이 장애인 목사였다. 그때 그 원장이 여기에 오면 150만 원의 월급을 주겠다고 했다. 그때 앞에서 언급한 ㅇㅇ요양원에 취업하는 바람에 그곳에 갈 수가 없었다. 그러나 그 요양원을 사직했기 때문에, 아내와 같이 화천에 있는 요양원을 방문했다. 화천요양원 원장은 나와 같이 아내가 나타나자, 이번에는 나와 아내 두 사람의 월급을 100만 원만 주겠다고 했다. 원장의 심보를 보고 이곳은 아닌 것 같아서 발길을 돌렸다.

가평 IC에서 ㅇㅇ요양원으로 가는 길목 산허리에 요양원 간판이 보여서 아내와 같이 들렀다. 그곳에서는 어서 오라고 했다. 아내는 몸은 별로 좋지 않지만, 나와 같이 그 요양원에서 일하고 싶어 했다. 그런데 식당을 총괄하는 여자 복지사가 아내를 예배도 참석하지 말고 일하라고 해서 아내는 그곳에서 그만두고 집으로 돌아갔다. 이 요양원은 업무가 ㅇㅇ요양원보다 더 힘들었다. 그러나 몸으로 때우는 것은 웬만하면 다 할 수 있었다.

어느 날이었다. 정부에서 요양사 보수가 너무 적다고 판단해서 요양보호사에게 일괄적으로 1인당 10만 원씩 지급되었다. 원장이 행정실에 와서 받지도 않은 특별 급여 10만 원을 수령했다고 서명하라고 했다. 만 1년 1개월 근무한 때였다. 그 원장 얼굴도 보기 싫어서 그만두고 나왔다.

짧은 기간 동안 여러 곳의 요양원에서 원장들과 접촉했다. 그러나 나는 요양원 운영자들의 모습에 실망만 컸다. 예수님의 사랑은 좀체 보이지 않고, 돈만 좇는 듯한 모습에 크게 실망했다. 나의 요양원 운영의 꿈은 그즈음 버렸다.

"너희가 내게 부르짖으며 내게 와서 기도하면
내가 너희들의 기도를 들을 것이요"
(예레미야 29:12)

곤고한 날들의
은혜

ⓒ 정홍복, 2025

초판 1쇄 발행 2025년 11월 14일

지은이	정홍복
펴낸이	이기봉
편집	좋은땅 편집팀
펴낸곳	도서출판 좋은땅
주소	서울특별시 마포구 양화로12길 26 지월드빌딩 (서교동 395-7)
전화	02)374-8616~7
팩스	02)374-8614
이메일	gworldbook@naver.com
홈페이지	www.g-world.co.kr

ISBN   979-11-388-4865-7 (03230)

- 가격은 뒤표지에 있습니다.
- 이 책은 저작권법에 의하여 보호를 받는 저작물이므로 무단 전재와 복제를 금합니다.
- 파본은 구입하신 서점에서 교환해 드립니다.